D1868872

Bernd Ingmar Gutberlet

Irrtümer und Legenden der deutschen Geschichte

EUROPA
VERLAG

BERND INGMAR GUTBERLET

Irrtümer und Legenden der deutschen Geschichte

Europa Verlag
Hamburg · Wien

Die Deutsche Bibliothek - CIP-Einheitsaufnahme
Ein Titelsatz für diese Publikation ist bei
Der Deutschen Bibliothek erhältlich.

Erstausgabe
© Europa Verlag GmbH Hamburg, August 2002
Lektorat: Imke Sörensen
Umschlaggestaltung: Kathrin Steigerwald, Hamburg
Foto: AKG Berlin
Druck und Bindung: Wiener Verlag, Himberg bei Wien
ISBN 3-203-77600-6

Informationen über unser Programm erhalten Sie beim
Europa Verlag, Neuer Wall 10, 20354 Hamburg
oder unter www.europaverlag.de

Inhalt

Einleitung

»... wie es eigentlich gewesen«?

Es können medienwirksame Skandale sein wie der um die angeblichen Hitler-Tagebücher im Jahre 1983. Es können hartnäckig aufrecht erhaltene Behauptungen sein wie die, im 9. Jahrhundert sei eine Mainzerin namens Johanna in Rom zum Papst gekrönt worden. Es können Kapitel in Schulbüchern sein wie das über Martin Luther und seinen Thesenanschlag zu Wittenberg. Es können aber auch unheilvolle Verleumdungsaktionen sein wie die erfundenen »Protokolle der Weisen von Zion«, im 20. Jahrhundert Grundlage für die Wahnvorstellung von der jüdischen Weltverschwörung. Oder eher harmlose Sagen wie die vom rotbärtigen, großväterlichen Kaiser, der im Berginneren des Kyffhäuser geduldig seinen zweiten Einsatz erwartet ... Die deutsche Geschichte ist voller Lügen und Legenden, Fälschungen und Verschwörungstheorien.

Die Vergangenheit hat ihre Tücken. Denn nicht alles, was wir im Geschichtsunterricht gelernt haben oder was auf andere Weise in unser historisches Allgemeinwissen eingegangen ist, entspricht der Wahrheit. Dieses Buch präsentiert fünfzig sehr unterschiedliche Kapitel aus der deutschen Geschichte – über fehlurteilende Historiker, populäre Ansichten, die gar keine Grundlage haben, oder gewiefte Fälscher, die die Nachwelt narrten. Einige Fälle sind kurios, viele überraschend, manche beängstigend. Aber immer sind sie lehrreich. In ihrer ganz eigenen Art machen sie anschaulich, wie uns die Vergangenheit auf vielfältige Weise zum Narren halten kann, und sie machen Geschichte lebendiger.

Auf dem Schauplatz der Geschichte tummeln sich viele zweifelhafte Gestalten und Objekte. Da gibt es die mittelalterliche Chronik, die es mit der genauen Beschreibung der Verhältnisse ganz offensichtlich nicht allzu genau nimmt. Oder den zeitgenössischen Politiker, der mittels eigener Feder an dem Bild retuschiert, das die Nachwelt von ihm bewahren soll. Da findet sich die Legende, die über Jahrhunderte in der öffentlichen Meinung ihr (Un-)Wesen treibt. Oder die wichtige Urkunde, die Generation für Generation für echt hielt - bis sie sich eines Tages als Fälschung erweist. Schließlich gibt es Verleumdungen, an denen festgehalten wird wie an Glaubensbekenntnissen. Und große Helden der Geschichte, die gar nicht existiert haben. Oder Anekdoten, die so hübsch sind, dass man sie für wahr halten möchte. Und Forscherkontroversen, deren Verlauf mitunter spannender ist als das Thema, an dem sie sich entzündet haben. Die Liste ist lang.

Ob zufällig oder absichtlich - Historiker irren bisweilen. Gelegentlich tun sie es in Unkenntnis des tatsächlichen Sachverhaltes, mangels Quellen, die ihre Erkenntnisse später richtig stellen. Historiker sind aber auch fehlbar als Menschen ihrer Epoche und ihrer Herkunft. Manchmal interpretieren sie vorliegende Fakten allzu subjektiv in Unterstützung einer verlockenden populären oder revolutionären These. Sie können politischen Zwängen unterliegen oder gar durch Geschichtsverfälschung Politikern ideologische Argumentationshilfen erst liefern. Oder sie übernehmen kritiklos falsche Details und leiten daraus noch weiter gehende Fehlurteile ab.

Aber nicht immer ist die geschichtswissenschaftliche Zunft verantwortlich für falsche Überlieferungen. Viele volkstümliche Legenden und zahllose Verschwörungstheorien bilden sich ohne ihr Zutun heraus, werden weitererzählt und sind alsbald nicht mehr totzukriegen. Auch harmlose, illustre Geschichten werden nun einmal gerne zum Besten gegeben und entwickeln ein Eigenleben - bis ihr Wahrheitsgehalt als selbstverständlich vorausgesetzt wird.

Warum sollte es der Geschichtsschreibung auch besser ergehen als anderen Wissenschaften? Fehler schleichen sich ein und setzen sich fest. Eitelkeiten, unsauberes Arbeiten, die Lust an gewagten Theorien oder politische Interessen führen zu Ergebnissen, die späterer Überprüfung nicht standhalten. Und nicht zuletzt bewirkt in unserer Zeit die Gier nach Sensation und Aufsehen erregenden Entdeckungen, dass bloße Hypothesen und Meinungen vorschnell als gesicherte Erkenntnisse gelten; verleiht Medienaufmerksamkeit zweifelhaften Theorien den Rang wissenschaftlicher Ergebnisse.

Wer sich als Laie für Geschichte zu interessieren beginnt, stößt auf Schlagwörter wie »Rekonstruktion der Vergangenheit«, »historische Wahrheit« - Begriffe, die vorgeben, man könne in der Geschichtsschreibung einfach die Kamera auf das halten, was von der Vergangenheit übrig ist, und erhielte so eine Art authentischen Film über den Hergang. Wir wissen natürlich, dass das unmöglich ist. Geschichtsschreibung versucht vielmehr, einem solchen »Reality-TV« nahe zu kommen, aber immer in der Gewissheit, eben nur eine Annäherung zu erreichen.

Der Ahnherr der neueren deutschen Geschichtswissenschaft, Leopold von Ranke, hat vor fast zweihundert Jahren den Historikern ein Ideal vorgegeben: Sie sollten die Vergangenheit beschreiben, »wie es eigentlich gewesen«. Aber historische Wahrheit ist eine Schimäre. Längst haben Historiker aufgegeben, auf der Möglichkeit einer lückenlosen, echten Rekonstruktion von Vergangenheit zu bestehen. Auch bei einer Fülle an authentischen Quellen ist Geschichtsschreibung immer Arbeit entlang der Lücken. Zudem sind Historiker, wie gesagt, einem schwankenden Grad an Subjektivität unterlegen; Geschichte ist über weite Strecken Dichtung und Deutung.

Jenseits geschichtsphilosophischer Betrachtungen und akademischer Auseinandersetzung über Quellenkritik, die sich auf die Fachwelt beschränken, faszinieren uns seit jeher »Irrtümer der Geschichte«, wie auch immer sie zustande gekommen sind.

Geschichte sagt mindestens ebenso viel über die Zeit, die sie beschreibt, wie über die, aus deren Perspektive sie beschrieben wird. Der Preis für die Wiederbelebung der Vergangenheit ist ein gewisses Maß an Auslegung und Einfärbung, nicht zuletzt durch den Einsatz von Fantasie. Denn Historiker arbeiten nicht nur mit Quellen, sie setzen überdies ihre Kreativität ein, ihr Vorstellungs- und Einfühlungsvermögen. Das ist stets eine Gratwanderung.

Aber auch wenn die Rekonstruktion der Vergangenheit mit Widrigkeiten zu kämpfen hat und fehl gehen kann: Wo Irrtümer korrigiert, Lügen enttarnt und populäre Ansichten als unbegründet enthüllt werden können, sollte man hinschauen. Schon wegen des Unterhaltungsaspekts, den fast jeder Irrtum enthält. Aber auch, weil man daraus lernen kann. Es schärft die Beobachtungsgabe und das Urteilsvermögen.

Ein Historiker hat einmal seine Arbeit mit der eines improvisierenden Koches verglichen: Die historischen Tatsachen sind die Fische, die er auf dem Markt begutachtet und kauft. Zu Hause bereitet er dann ein leckeres Essen aus ihnen, wofür er die Zutaten selbst auswählt - nach eigenem Geschmack und eigener Expertise kocht er ein Gericht. Ein Kollege von ihm hat die Geschichte dagegen mit einer Kirsche verglichen: Ein fester Kern unbestreitbarer Tatsachen ist umgeben vom weichen Fruchtfleisch anfechtbarer Interpretationen.

Nun, das Fruchtfleisch einer Kirsche ist zweifellos bekömmlicher als der Kern, und auch den Fisch veredelt erst die sachkundige Zubereitung. Das Schmackhafte an den hier versammelten Themen aus zweitausend Jahren besteht darin, herauszufinden, wo und warum die Geschichte so zubereitet wurde. Wir haben auf unserer Menükarte fünfzig verschiedene Gerichte aus der deutschen Küche - guten Appetit!

Zeitrechnung

Das mysteriöse Jahr null

Anlässlich des Jahreswechsels 1999/2000 stritten akkurate Zeitgenossen gerne um den eigentlichen Beginn des 21. Jahrhunderts. In den Diskussionen tauchte häufig das ominöse Jahr null auf. Da schließlich, so konnte man hören, setze unsere Zeitrechnung ein, und deshalb sei da auch die Antwort auf die Frage zu finden, ob das neue Jahrtausend am 1. Januar 2000 oder erst ein Jahr später beginnt.

Zwar ist bekanntermaßen die christliche Zeitrechnung die am weitesten verbreitete auf der Erde, aber es gibt noch andere Zählungen der Zeit, andere Kalender. Die christliche Zeitrechnung, wie wir sie noch heute benutzen, wurde erst im 6. Jahrhundert nach Christus eingeführt. Und selbst dann dauerte es noch Hunderte Jahre, bis sie sich auch nur im Abendland bis in den abgelegensten Winkel, bis zum letzten Klosterschreiber und Stadtchronisten durchsetzen konnte. Die Zählung vom Nullpunkt rückwärts, also die Angabe vorchristlicher Jahre, ist sogar noch jünger, denn bis in die Neuzeit hinein rechnete man für die Zeit vor Christi Geburt ab dem - zugegebenermaßen aus heutiger Sicht höchst zweifelhaften - Zeitpunkt der göttlichen Schöpfung, der Erschaffung der Welt.

Bevor die christliche »Sekte« unter dem römischen Kaiser Konstantin Anfang des 4. Jahrhunderts Staatsreligion wurde, hatte die verfolgte Minderheit kaum damit rechnen können, dass sich ein christlich orientierter Zeitmaßstab jemals so umfassend durchsetzen würde, wie das für uns heute selbstverständlich ist. Wäre dem Judentum ein ähnlich ausgeprägtes Missionsbewusstsein eigen, hätte es damals dem Christentum den Status der dominierenden Religion des Abendlandes durchaus noch streitig machen können - und heute gälte der jüdische Kalender als universelle Zeitrechnung. Außerdem sah man das Leben Jesu zunächst in Verlängerung der biblischen Zeitrechnung, erkannte also keine Notwendigkeit, eine »Stunde null« kalendarisch festzulegen.

Das tat man später, nachdem die Geburt Christi mehr und mehr als eine Zeitenwende verstanden wurde, die auch kalendarisch zu würdigen war. Aber es gab nie ein Jahr null, das einer solchen »Stunde null« entsprochen hätte. Das hat seinen einfachen Grund darin, dass sich das Christentum in der römischen Welt etablierte und daher Latein als Sprache mitsamt dem lateinischen Zählsystem übernahm. Unter den römischen Ziffern gibt es aber keine Null, daher gab es, auch in der rückwirkenden Zählung, kein Jahr null. Die arabischen Zahlen wurden in Europa erst gegen Ende des Mittelalters eingeführt. Die Frage, wann denn dann Jesus geboren wurde, ist ohnehin nicht eindeutig zu beantworten - vermutlich mehrere Jahre vor dem Zeitpunkt, an dem die ihm gewidmete Zeitrechnung beginnt. Die ersten Berechnungen, um die christliche Zählung auch am richtigen Datum einsetzen zu lassen, waren nämlich fehlerhaft.

Aus diesem Grund begann das dritte nachchristliche Jahrtausend am 1. Januar 2001 und nicht ein Jahr zuvor: Erst mit Ablauf des 31. Dezember 2000 war das zweite Tausend sozusagen »voll«. Denn das erste Jahr der christlichen Zeitrechnung war das Jahr eins nach Christus, in der Zählung direkt davor liegt das letzte Jahr des ersten vorchristlichen Jahrhunderts, 1 vor Christus.

Endgültig durchsetzen konnte sich die Inkarnationsrechnung, also die Zählung ab der Fleischwerdung Jesu, übrigens erst zur Zeit der Aufklärung. Das ist erstaunlich, wenn man bedenkt, dass sich zu diesem Zeitpunkt erstmals ein Denken jenseits der universell christlichen Weltanschauung entwickelte. Doch die Rechnung ab einem fixen Punkt hat eben gerade für rationale Gemüter einige Berechtigung. Die Französische Revolution versuchte Ende des 18. Jahrhunderts zwar, mit einem ganz neuen Kalender auch einen neuen »Nullpunkt« einzuführen: die Ausrufung der Republik am 22. September 1792, zufälligerweise eine Tag-und-Nacht-Gleiche. Diese Zeitrechnung galt aber nur zwölf Jahre, bis Napoleon sie zum 1. Januar 1806 wieder außer Kraft setzte. Während sich andere Errungenschaften dieser Zeit durchsetzten, kehrte man also zumindest kalendarisch bald wieder uneingeschränkt zum Christentum zurück.

Die Schlacht im Teutoburger Wald

Kein Ort – kein Held?

Als die Römer seit der Regierungszeit Caesars versuchten, über Germanien eine gewisse, die eigenen Grenzen sichernde Kontrolle auszuüben, kam es zu einem Aufstand verschiedener germanischer Völker, der in der Niederlage der Römer in der berühmten »Schlacht im Teutoburger Wald« 9 nach Christus gipfelte. »Als die Römer frech geworden ...« dichtete im 19. Jahrhundert der Schriftsteller Joseph Victor von Scheffel in einem munteren Studentenlied. Man nennt die Schlacht auch Varusschlacht, nach dem römischen Feldherrn, der sich wegen der Schmach das Leben nahm. In seinen Annalen berichtet der römische Geschichtsschreiber Tacitus, die Germanen hätten die Römer unter einem Vorwand in einen Hinterhalt im Teutoburger Wald gelockt und so die empfindliche Niederlage herbeigeführt. Führer der Germanen war Arminius (oder Hermann), und Mitte des 19. Jahrhunderts wurde dem »deutschen Helden«, der dem germanischen Volk der Cherusker entstammte, auf der Grotenburg bei Detmold ein stattliches Nationaldenkmal errichtet. Scheffels Lied macht sich übrigens darüber lustig, dass es fast zwanzig Jahre dauerte, bis man mit dem Bau des Monuments beginnen konnte, denn die erhofften Spenden für das Nationaldenkmal blieben aus. Das 1100 kg schwere Pferd des Germanen spendete schließlich die Krupp-Stahl AG.

Hermann war ein idealer Nationalheld: Mutig und gewitzt, hatte er immerhin die mächtigen Römer geschlagen, und sogar deren Geschichtsschreiber kamen nicht umhin, dem »Barbaren« und »Befreier Germaniens« einen gewissen Respekt zu

1838 realisierte Ernst von Bandel die schon lange vorgesehenen Pläne, ein Arminiusdenkmal zu errichten. Heute drängen sich alljährlich über zwei Millionen Besucher um das Hermannsdenkmal

zollen. Wie gemacht war der Held, um ein keimendes Nationalgefühl der Renaissance zu befördern, um Symbol zu sein für den Kampf der Reformation gegen die römische Kirche, um im Zuge der deutschen Einigung im 19. Jahrhundert als Sinn stiftende Figur verwendet oder im 20. Jahrhundert für eine Überhöhung vermeintlicher »germanischer Bestimmung« missbraucht zu werden. Dabei ließ man naturgemäß gerne außer Acht, was nicht so recht ins Idealbild zu passen schien: Zum Beispiel, dass der Cherusker Hermann die meisten seiner folgenden Schlachten verlor - wohl auch, weil er es künftig mit fähigeren Kriegsherren als dem unglücklichen Varus zu tun hatte. Oder dass er eigentlich ein Verräter war, mochten es auch die Römer gewesen sein, die er betrog. Immerhin war er in Rom erzogen und sogar geadelt worden, hatte in der römischen Armee gedient und besaß das römische Bürgerrecht. Ebenso gerne wurde übersehen, dass er mit der gewonnenen Schlacht den Zenit seiner Karriere bereits überschritten hatte, denn selbst wenn er die Germanen von der römischen Fremdherrschaft befreit haben mochte, so war er doch nicht in der Lage, die rivalisierenden germanischen Stämme zu einigen. Tacitus machte dafür seine persönliche Machtgier verantwortlich. Noch dazu wurde Hermann später ermordet; der Täter stammte aus dem engsten Familienkreis. Immerhin war dem Sieg über die Römer Dauer beschieden, denn Kaiser Augustus verzichtete darauf, die peinliche Schlappe wieder wettzumachen und überließ die Germanen sich selbst.

So ist Hermann also in Wirklichkeit gar nicht der strahlende, unanfechtbare, integere Held gewesen, sondern wurde später einfach dazu gemacht. Aber nicht nur das Heldentum des germanischen Kämpfers ist weitgehend erfunden, auch der Name der Schlacht ist schlichtweg falsch. Denn im Teutoburger Wald, wo sich das Hermannsdenkmal noch heute stolz erhebt, hat die Schlacht höchstwahrscheinlich nie stattgefunden. Schon die Angaben der zeitgenössischen römischen Historiografen widersprechen sich in der Bezeichnung des Ortes. So verlässlich Tacitus im Allgemeinen auch sein mag - germanische Ortskunde war offenbar nicht seine Stärke. Archäologen haben viel Zeit und Mühe darauf verwandt, die Stätte der großen Schlacht zu identifizieren, und vieles spricht dafür, dass die »Schlacht im Teutoburger Wald« mehr als 100 km vom Denkmal entfernt in der Kalkrieser Senke nördlich von Osnabrück geschlagen wurde. Daher ist die Bezeichnung »Varusschlacht« weniger irreführend und weitaus zutreffender. Unter Historikern hat sie sich inzwischen durchgesetzt. Denn der Name »Schlacht in der Kalkrieser Senke« klingt nicht besonders gut, und hundertprozentig sicher darf man sich mit dieser Ortsangabe zum anderen nicht sein. Also gehen die Fachleute lieber auf Nummer Sicher: Dass Varus die römischen Truppen befehligte, steht definitiv außer Frage.

Siegfried

»Hanswurst« oder »Lichtgott«?

Seit jeher starren Kinder fasziniert bis erschrocken auf Illustrationen in Sagenbüchern, auf denen der germanische Held Siegfried mit dem Drachen kämpft oder gar in seinem Blut badet. Seit jeher erschauern Besucher der Bayreuther Festspiele beim Drachenkampf in Richard Wagners »Siegfried« oder bei seinem Tod in der »Götterdämmerung«. Thomas Mann nannte Siegfried einen »Hanswurst, Lichtgott und anarchistischen Sozialrevolutionär« zugleich.

Aber hat es diesen Helden des »deutschesten aller deutschen Stoffe«, so der Dichter Heiner Müller, überhaupt gegeben? Häufig wurde die Siegfried-Sage beschworen und dabei auch immer wieder ihr wahrer Kern betont. Man identifizierte den mutigen Recken entweder mit Arminius oder Hermann, der die Römer besiegte (vgl. S. 14 ff.), oder mit dem ostfränkischen König Sigibert, der 575 ermordet wurde. Auch zu anderen historischen Gestalten aus der merowingisch-fränkischen Zeit wurden Verbindungen hergestellt. Wie sehr der Stoff über die Jahrhunderte auch ausgeschmückt worden sein mochte – einen authentischen Bezug zur deutschen Geschichte musste die spannende Sage doch haben! Die Nibelungensage, als »deutsches Nationalepos« zuletzt unter den Nazis zu Ruhm gelangt, beschreibt Siegfrieds Schicksal vor dem Hintergrund des Untergangs der Burgunder durch den Hunneneinfall.

Bei aller Beschwörung konnte Siegfried jedoch bis heute keiner historischen Person zugeordnet werden, auch ein mythischer Wahrheitskern ist nicht nachweisbar. Aber das tat seiner Karriere im Kontext der »Nibelungensage« keinerlei Abbruch. Als für die viel zitierte »verspätete Nation« der Deutschen nach der Reichsgründung 1871 dringender Bedarf für einen politisch nutzbaren, »wahrhaft deutschen« Mythos bestand, hatte man ein Problem: Es fehlte der passende Stoff. Eine Lichtgestalt wie Wilhelm Tell oder Jeanne d'Arc, die für die ganze »neue« Nation akzeptabel war, ein Idol, das ein Gemeinschaftsgefühl schaffen half. Der rein preußische Friedrich der Große taugte dazu wenig.

Der Nibelungenstoff erwies sich als geeignete Projektionsfläche für nationale Gefühle und wurde zu einem wesentlichen Bestandteil der Nationalerziehung in den Schulen. In Siegfried verdichtete sich bald, was der Jugend an Deutschtum nahe gebracht werden sollte. Der um 1200 entstandene, möglicherweise von einem Kleriker am Passauer Hof verfasste Stoff war in Vergessenheit geraten und 1755 wiederentdeckt worden. Seit Anfang des 19. Jahrhunderts erfreute er sich zunehmender Beliebtheit, vor allem in einer bis heute gern gelesenen Übersetzung aus dem Mittelhochdeutschen von Karl Simrock. Noch Goethe lobte Simrocks Übertragung als authentisch. Die vermeintlich urdeutschen Tugenden darin stammen aber gar nicht aus dem Original, sondern tauchen erstmals in der schiefen - oder absichtsvoll verklärenden - Übersetzung des Bonner Germanisten Simrock auf. So kam das neu gegründete Reich zu einem Lichtgott, der den Helden anderer Nationen in nichts nachstehen sollte.

Bis zum Ende des Zweiten Weltkrieges musste der Nibelungenstoff immer wieder für politische und nationalistische Zwecke herhalten. Die »Nibelungentreue« soll es gewesen sein, die das Deutsche Reich an der Seite Österreich-Ungarns in den Ersten Weltkrieg ziehen ließ. Ein »Dolchstoß« wie der in den Rücken Siegfrieds soll dem deutschen Heer 1918 den Todesstoß verpasst haben (vgl. S. 112 ff.). Und schließlich der bisherige Endpunkt dieser propagandistischen Ausnutzung in der Verherrlichung einer schrecklichen und verlustreichen Niederlage: Nach der Schlacht von Stalingrad verklärte Göring 1943 zum 10. Jahrestag der Machtübernahme Hitlers vor Wehrmachtsangehörigen die unterlegenen deutschen

Truppen als Wiedergänger der Nibelungen, die in Etzels Halle einen aussichtslosen, aber angeblich heroischen Kampf fochten.

Mit diesem Aspekt des Untergangs ist es schon eine komische Sache: Ist es doch bemerkenswert, dass eine Sage zum Nationalmythos stilisiert wurde, an deren Ende der Untergang steht, wie heroisch auch immer.

Karl der Grosse

»Größte Zeitfälschung der Geschichte«?

Karl der Große, der glanzvoll strahlende Herrscher Europas, Weihnachten des Jahres 800 zu Aachen zum Kaiser gekrönt, hat Kunst wie Literatur nachhaltig inspiriert. Bereits im Mittelalter begannen sich Überhöhungen und Legenden um seine Person und sein Wirken zu ranken, schon seine Zeitgenossen nannten ihn den »pater Europae«. Die Berichte der Geschichtsschreiber sind also mit größter Vorsicht zu genießen. Vor einigen Jahren aber ging ein Münchner Privatdozent noch erheblich weiter in seiner kritischen Behandlung der Überlieferung: Viel grundsätzlicher fragte er: »Hat Karl der Große überhaupt je existiert?«

Der Privatforscher behauptet nicht weniger, als dass knapp drei Jahrhunderte des uns bekannten Mittelalters schlichtweg nie stattfanden, nämlich die Jahre 614 bis 911 nach Christus. Nicht nur Karls des Großen Existenz wäre damit hinfällig. Auch der Millenniumsrummel zum Jahreswechsel 1999/2000 hätte, so gerechnet, um einiges zu früh stattgefunden. Was nach bloßer Kalender-Arithmetik aussieht, hätte weit reichende Auswirkungen: Von Island bis Sizilien, vom Atlantik bis nach Armenien reichte die Zeitfälschung und schlösse auch die arabisch-persische Welt ein. Bis nach China wirkte sich die Zeitverwirrung aus. Konsequenz: Alles, was man in diesem riesigen Raum für die Geschichte jener knapp 300 Jahre ansähe, müsste ersatzlos gestrichen werden. Und wie soll es zu einem so gigantischen Irrtum gekommen sein?

1582, als die Gregorianische Kalenderreform durchgeführt wurde, um inzwischen unhaltbare Schwächen der herkömmlichen Zählung auszugleichen, habe man nicht genau gearbeitet. Die zehn Tage, die im Oktober 1582 auf Veranlassung Papst Gregors XIII. übersprungen wurden, seien zu wenig gewesen. Dadurch hätten sich drei Jahrhunderte in die Chronologie geschlichen, die es faktisch nie gegeben habe.

Starker Tobak, und verständlich die Reaktion der historischen Zunft: Ablehnung quer durch die Bank. Die These ist ja auch geradezu umstürzlerisch, und die konservativen Historiker sind nicht gerade bekannt dafür, dass sie revolutionären Erkenntnissen oder unkonventionellen Theorien gegenüber aufgeschlossen wären. Der bayrische Revoluzzer führt für seine Theorie allerhand ins Feld: Die Urkunden aus dieser Zeit seien allesamt gefälscht, archäologische Belege falsch datiert. Die berühmte Aachener Pfalzkapelle sei viel jüngeren Datums. Karls Vater Pippin, sein Großvater Karl Martell, über fünfzig Päpste - nichts als Schimären der Überlieferung.

Sind also Historiker Jahrhunderte lang einer Täuschung ungeheuerer Tragweite aufgesessen, die sie sich jetzt - verständlicherweise - nicht eingestehen wollen? Hat ein wissenschaftlicher Außenseiter der Wahrheitsfindung einen unschätzbaren Dienst erwiesen, den die Fachöffentlichkeit aus Imagegründen hartnäckig dementiert? Immerhin ist die fragliche Zeit tatsächlich schlecht mit Quellen dokumentiert - verglichen mit späteren Jahrhunderten. Die wichtigste Quelle über das Leben Karls wäre nach den Erkenntnissen des Historikers nicht, wie bislang angenommen, einige Jahre nach seinem Tod verfasst, sondern im 12. Jahrhundert gefälscht worden - um einen Herrscher einzuführen, dessen Erbe man beschwören und politisch nutzen wollte, der jedoch nie gelebt hat. Viel zu schlecht informiert sei der Verfasser Einhard, als dass er dem Umkreis des Herrschers entstammen könnte.

Unter Kaiser Otto III. (983-1002) habe die »größte Zeitfälschung der Geschichte« ihren Anfang genommen. Um als Endzeitkaiser und mit wirkungsvollen Analogien in die Geschichte einzugehen, habe er veranlasst, dass in großem Stil Dokumente gefälscht wurden, um seiner Herrschaft eine grandiose Kontinuität zu verleihen - im Mittelalter ein bedeutsamer Aspekt. Im 11. und 12., ja bis ins 13. Jahrhundert sei es munter weitergegangen mit dem Legenden-Strickwerk. Motivation sei der ewige Kampf des Mittelalters zwischen Kirche und Kaiser gewesen, der ja in der Tat nachweislich zu Fälschungen führte. Beide Seiten hätten sich der fiktiven Person des Überkaisers bedient und ihm zugeschrieben, was ihnen gerade in den Kram passte. Letztlich hätten sich zwei Völker, Franzosen und Deutsche, einen Ahnherren erfunden und dreihundert Jahre in den abendländischen Kalender gemogelt, die irrtümlich noch heute mitgezählt werden.

Aber Historiker sind nicht einfach ignorant, wenn es um ihre wissenschaftlichen Erkenntnisse geht. Die Mittelalterforschung setzte sich mit den Thesen des Zeitdetektivs eingehend auseinander. Es fiel ihnen auch nicht allzu schwer, den Argumenten fundiert zu widersprechen. Handwerklich unsauber und selbstverliebt, was die eigene These betrifft, arbeitete der Autor, so dass die Forscherkollegen sich nicht dauerhaft herausgefordert sehen mussten. Zwar hat die zweifellos faszinierende Idee in den Medien erheblichen Anklang gefunden. Aber das liegt eher daran, dass sie so spektakulär ist, als daran, dass da jemand die Geschichtswissenschaft ernsthaft in ihren Grundfesten erschüttert hätte.

Zugute kommt dem Verfechter der These, dass in der Tat viel gefälscht ist, was mit dem Leben Karls und den betreffenden Jahrhunderten zu tun hat: Immerhin 40 Prozent der Urkunden aus der Zeit Karls des Großen sind Fälschungen, die anderen 60 Prozent hingegen gelten nach wie vor als authentisch. Der Erfinder der Zeitfälschungstheorie legt aber moderne Maßstäbe an, wo sie nicht passen, missachtet wissenschaftliche Standards und längst gewonnene Erkenntnisse - und das alles, um seine These nach allen Seiten abzusichern. Am meisten spricht gegen seine Theorie, dass diese mittelalterliche Fälschungsaktion umfassend koordiniert gewesen sein müsste - und das kann sich niemand ernsthaft vorstellen, der sich im Mittelalter und mit den betreffenden Urkunden auskennt. So wird es Karl doch gegeben haben, ebenso wie jene 297 Jahre, und wir bleiben Kinder des 20., und nicht des 17. Jahrhunderts.

Päpstin Johanna

Skandal auf dem Papstthron?

Eine Frau auf dem Papstthron in Rom? Unvorstellbar. Ein Papst, der während einer Prozession ein Kind gebiert und somit unfreiwillig offenbart, dass »er« eine Frau ist? Kaum zu glauben. Eine Frau aus Mainz, die Mitte des 9. Jahrhunderts als Mann verkleidet eine Gelehrtenlaufbahn einschlägt und es bis zur Papstwürde bringt? Mehr als unwahrscheinlich.

Und doch berichten Chronisten seit dem 13. Jahrhundert von der Mainzerin Johanna, einem der - in ihren Augen - schmachvollsten Kapitel in der Geschichte des frühmittelalterlichen Papsttums. So unsäglich sei diese Angelegenheit gewesen, so unendlich peinlich für das Ansehen der Kurie und der katholischen Kirche insgesamt, dass man Johannes VIII., wie Johanna als Papst hieß, aus der offiziellen Zählung der Päpste herausnahm und schlichtweg verschwieg. Die Geschichte ist so abstrus und faszinierend, dass man annehmen möchte, sie müsse einfach wahr sein. Nicht auszudenken eben.

Martin von Troppau, ein schlesischer Dominikanermönch und Kaplan am päpstlichen Hof, hat die unrühmliche Geschichte 1278 am detailliertesten beschrieben. In seiner Papst- und Kaiserchronik erzählt Martin von Troppau, auf Papst Leo IV. sei im Jahr 855 Johannes Anglicus aus Mainz gefolgt, der zwei Jahre, sieben Monate und vier Tage Papst gewesen sei. Dieser Papst sei eine Frau gewesen, die in Männerkleidung ihren Liebhaber nach Athen begleitet und sich dort, vorgeblich als Mann, in den Wissenschaften bewährt habe. Später habe sie in Rom gelehrt und sich dort ebenfalls einen Namen gemacht. Aufgrund ihres auch moralischen Ansehens habe man sie schließlich einstimmig zum Papst gewählt. Allerdings sei sie während ihrer Amtszeit geschwängert worden. So sei es dazu gekommen, dass Johanna/Johannes auf dem Weg von St. Peter zum Lateran, zwischen dem Kolosseum und der Kirche San Clemente, von Wehen überrascht worden sei und auf offener Straße ein Kind geboren habe. Ebendort sei sie auch gestorben und begraben worden. Dieser Ort werde seitdem von den Päpsten streng gemieden.

Andere mittelalterliche Chronisten verweisen auf ein verdächtiges Element der Papstkrönung im Lateranpalast und der dazugehörigen Basilika. Noch vor der eigentlichen Weihe nahm der neu gewählte Papst nacheinander auf zwei antiken Sesseln Platz. Diese so genannten »kurulischen Stühle«, die nichts mit dem eigentlichen Papstthron zu tun haben, existieren heute noch: der eine im Pariser Louvre, der andere im Museum des Vatikan. Die Besonderheit dieser Sitzgelegenheiten, die nachweislich seit 1099 bei der Papstinthronisation benutzt wurden, besteht darin, dass ein Teil der Sitzfläche fehlt. Wurde so das Geschlecht eines gewählten, aber noch nicht geweihten Papstes geprüft, um einen erneuten Skandal auszuschließen? Was sonst soll dieses anatomische Detail bedeuten - in einer Zeremonie, die durch und durch symbolbeladen war? Dem entsprechend berichtet ein Hofliterat des Medici-Papstes Leo X. Anfang des 16. Jahrhunderts davon, dass die Prüfung des päpstlichen Geschlechts ganz öffentlich in der Lateranbasilika vor sich gehe und das Ergebnis dem versammelten Volke von einem Geistlichen kundgetan und im Protokoll vermerkt werde.

In Rom gibt es in der Tat eine kleine Straße, die die Päpste auf ihren Prozessionen umgingen. Dort fand sich, bevor Papst Sixtus V. sie entfernen ließ, eine Statue, die offenbar eine Mutter mit ihrem Kind darstellte. Die Inschrift eines Steins mit rätselhaftem Inhalt an anderer Stelle der Gasse wird verständlich, wenn man ihn auf Johanna bezieht: Es muss ihr Grabstein sein.

Haben die Päpste deshalb Jahrhunderte lang diese Gasse schamvoll gemieden? Um mit den Zeugnissen dieser Schande nicht unmittelbar konfrontiert zu werden? Diese Straße lag auf dem direkten Weg zwischen Lateran und Vatikan - eine Strecke, die jeder Papst immer wieder zurückzulegen hatte. Warum also sollten die Päpste jedes Mal einen Umweg in Kauf nehmen?

Und warum hat sich immerhin zweihundert Jahre lang niemand darüber beschwert, dass in der Kathedrale von Siena in der Reihe der Päpste auch eine Frau zu sehen war? Selbst dem später verbrannten Ketzer Johannes Hus widersprach während seines Verhörs auf dem Konstanzer Konzil keiner der anwesenden Vertreter der Kurie, als er Johanna als Päpstin bezeichnete.

Dass sich die vielen Erzählungen über Johanna stark voneinander unterscheiden, ist nicht weiter verwunderlich: Mittelalterliche Chronisten schmückten ihre Berichte fast immer aus. Mal stirbt Johanna bei der Geburt, mal wird sie von der entsetzten Volksmenge verjagt oder gesteinigt. Gelegentlich wird berichtet, der Sohn sei später Bischof von Ostia geworden, und manchmal auch, Johanna habe für den Rest ihres Lebens in einem Kloster Buße getan.

Die ersten überlieferten Berichte über Johanna siedeln ihren Pontifikat noch um das Jahr 1100 an. Martin von Troppau, der das 9. Jahrhundert angibt und gelegentlich als »der ausschließliche Geschichtslehrer des Mittelalters« bezeichnet wird, ist also nicht der Erste; trotzdem schweigen die historischen Quellen bemerkenswerterweise vier Jahrhunderte lang über diesen doch sehr besonderen Pontifikat.

Den Menschen des Mittelalters müssen die Berichte von der Päpstin Johanna als ungeheure Monstrosität vorgekommen sein. Trotzdem hielt man die Geschichte lange Zeit für wahr, sogar von offizieller Seite. Und noch heute befassen sich Historiker - und Schriftsteller - mit diesem Thema und wägen oft von neuem ab, was an der Sache dran sein könnte.

Genau da muss man ansetzen, um die Geschichte einer Frau auf dem Papstthron richtig einzuschätzen. Damals wie heute übte ein solcher Skandal verständlicherweise eine große Anziehungskraft aus, wurde weitererzählt und immer wieder ausgelegt. Sensationslust ist schließlich keine Erfindung unserer Zeit. Und die Faszination dieser Figur reicht bis heute - wie

Bestseller-Romane belegen, die die Legende der Päpstin zur Grundlage haben. Sie bezeugen meistens eher die heutige Sicht auf die Vergangenheit als das Interesse an dem, was tatsächlich stattgefunden hat. Hinzu kommt, dass das Schicksal dieser Frau, das die katholische Kirche totzuschweigen versucht, bei Feministinnen wie Kirchenkritikern großen Anklang findet.

Das war schon im Mittelalter ähnlich. Ob man einen solchen Skandal für möglich oder gar authentisch hielt, richtete sich auch danach, wie man Kirche und Religion seiner Zeit erlebte. Immer wieder gab es Perioden, in denen vermehrt Kritik am Papsttum laut wurde. Solche Kontroversen wurden auch propagandistisch ausgetragen, etwa in den Schriften der Bettelorden. Die Bettelorden, die in Abgrenzung zur reichen Kirche die Armut als oberstes Ideal verstanden, agitierten gegen den Heiligen Stuhl, und sie waren dem Volk - allein durch räumliche Nähe in ihren städtischen Konventen - sehr viel näher als der Papst in Rom. Die meisten Autoren, die über Johanna schrieben, waren Bettelmönche.

Es ist auch kaum verwunderlich, dass im 16. Jahrhundert, in den stürmischen Jahrzehnten nach der Reformation, die Geschichte von Johanna in den protestantischen Polemiken gegen die katholische Kirche und das Papsttum häufig als Beispiel für die verlotterte römische Kirche angeführt wurde. Auch den Protestanten diente die Frau auf dem Stuhl des hl. Petrus als anschauliches Sinnbild katholischer Verderbtheit.

Aber wie steht es nun mit den angeblichen Indizien? Die seltsamen Stühle, die gemiedene Gasse, der Grabstein? Wie bei vielen Legenden lassen sich auch im Falle der Päpstin Johanna Details, auf die sich Wahrheitsnachweise stützen, plausibel und unspektakulär erklären.

Die Stühle, deren anatomische Besonderheit lange damit erklärt wurde, man prüfe so die Viriliät des neu gewählten Papstes, stammen aus der Antike. Sie waren aus Rosso Antico, einem Stein, der wegen seiner roten Farbe dem Porphyr, dem »kaiserlichen Stein«, gleichgesetzt wurde. Farbe und Alter dürften die beiden Möbel für die Verwendung bei der Inthronisation qualifiziert haben. Dass die Sitzflächen eine Aussparung aufwiesen, hat einen ganz praktischen Grund: Die steinernen Sitzgelegenheiten dienten als Badesessel, was die Aussparung der Sitzfläche vergleichsweise banal erklärt: Das Wasser konnte abfließen.

Und auch dafür, dass Papst und Gefolge eine bestimmte Gasse nicht benutzten, obwohl sie eine Abkürzung auf einem häufig zurückgelegten Weg bot, gibt es eine ganz simple Erklärung: Diese Gasse war so eng, dass der Papst und sein Gefolge gar nicht hindurchgepasst hätten. Daher nahm man einen längeren, für eine kleine Prozession aber bequemeren Weg.

Die Statue, die leider nicht mehr existiert, stellte einigen Zeugnissen zufolge keineswegs so eindeutig eine Frau mit Kind dar: Zeitdokumente, die sich nicht auf die Päpstinnenlegende beziehen, sprechen von einer Priestergestalt mit Palmenzweig, sowie einem dienenden Knaben. Weil die Figur aber ein weites Gewand trug, konnte man sie leicht für eine Frau mit Kind halten.

Die rätselhafte Inschrift auf einem Stein, der sich ebenfalls in der Gasse befand, lässt sich nur mit einer gehörigen Portion Fantasie auf die Päpstin beziehen. Denn solche Inschriften bestanden überwiegend aus uneindeutigen Abkürzungen, in diesem Fall sechsmal der lateinische Buchstabe P. Natürlich lässt sich daraus ein lateinischer Satz bilden, der auf die Sage passt. Aber andere Auslegungen dieser Inschrift sind wahrscheinlicher. Lateinische Inschriften, die schwer zu deuten waren, wurden im Mittelalter gerne für Wortspielereien verwendet.

Auch die konkrete Angabe, Johanna sei in Mainz geboren, ist eher als Indiz dafür zu werten, dass die Legende vornehmlich ideologisch begründet war. Mainz war zur Zeit der Entstehung der Johanna-Legende *die* deutsche Metropole und Synonym für die Rivalität zwischen Papst- und Kaisertum. Später diente Johannas deutsche Herkunft als Erklärung, warum kein Deutscher mehr zum Papst gewählt wurde - was einige deutsche Autoren dazu brachte, die Legende ganz nach Griechenland zu verlegen. Auch das Detail des Studiums in Athen ist zweifelhaft, denn die ehemals glanzvolle Metropole Griechenlands war zur Zeit Johannas längst kein herausragender Ort der Wissenschaften mehr.

Noch ein bemerkenswerter Aspekt deutet auf den Legendencharakter der Päpstinnengeschichte: Eine sehr ähnliche Geschichte wird auch aus dem orthodoxen Byzanz, dem Sitz der Ostkirche, berichtet. Ein Patriarch des 10. Jahrhunderts soll demnach seine Nichte als Mann verkleidet zu seinem Nachfolger gewählt haben lassen. Und nicht zuletzt dürfte eine römische Lokallegende Pate gestanden haben. Sie erzählt von der öffentlichen Geburt eines Kindes in einer Gasse zwischen Kolosseum und San Clemente.

Es verhält sich mit der Legende der Päpstin Johanna also ähnlich wie mit vielen Verschwörungstheorien. Entsprechend interpretiert, dienen diverse Details als Indizien für die Richtigkeit einer Annahme. Zusammengenommen ergibt sich ein Zirkelschluss dieser Hinweise, der dann mit einem Beweis gleichgesetzt wird. Tatsächlich aber stützen mehrere auf Sand gebaute Säulen ein dementsprechend instabiles Argumentationsgebäude, das bei einiger Nachforschung rasch ins Wanken gerät. Auch wenn sich *nicht* belegen lässt, dass keine Frau jemals Papst war - die vagen und widerlegbaren Hinweise reichen für eine Beweisführung ihrer Existenz noch viel weniger aus.

Das Jahr 1000

»... heia, geht die Welt zugrund'«

Als das 20. Jahrhundert sich dem Ende zuneigte, erwachte auch das Interesse an früheren Jahrhundertwechseln wieder – und insbesondere an der Jahreswende 999/1000, als die Menschen schon einmal ein neues Millennium begrüßt hatten. Wie taten sie das?

Nach verbreiteter Auffassung fürchteten sich die Menschen des 10. Jahrhunderts vor dem Wechsel, weil sie mit dem Weltuntergang rechneten. Den Christen des Mittelalters war die Apokalypse des Johannes im letzten Buch des Neuen Testamentes durchaus geläufig. Dort ist vom Schrecken des Weltendes die Rede und vom anbrechenden Tausendjährigen Reich, und diese Situation schien den Menschen damals sehr konkret.

1833 schrieb der französische Historiker Michelet über die Ängste der mittelalterlichen Menschen in Europa angesichts dieser Prophezeiungen und der um sie herum stattfindenden Katastrophen vor dem Jahrtausendwechsel.

Felix Dahn (»Ein Kampf um Rom«) veröffentlichte 1889 einen Roman über das Jahr 1000 mit dem Titel »Weltuntergang«, wo es heißt: »Morgen um die zwölfte Stund', heia, geht die Welt zugrund'.« Am Ende des 19. Jahrhunderts war die Vorstellung, die Menschen des Mittelalters wären aus Furcht vor dem Jahr 1000 auf ihren Kirchenbänken hin und her gerutscht, besonders populär. Aber auch einhundert Jahre später wird ein solches Schreckensbild noch gerne gemalt.

Was jedoch Michelet und seine Kollegen vermuteten und viele kritiklos übernahmen, das sehen Historiker heute anders.

Zwar spielt die Zeitspanne von tausend Jahren in der christlichen Erwartung des Weltendes eine wichtige Rolle. Aber das heißt noch lange nicht, dass man just das Jahr 1000 für den Anfang vom Ende gehalten hätte. Man versuchte, trotz entsprechender Verbote seitens der Kirche, das Weltende nach den Angaben aus der Bibel zu berechnen, aber die Ergebnisse lagen weit auseinander. Außerdem gab es schon damals Warnungen davor, Zeitangaben des Alten und des Neuen Testaments wörtlich statt symbolisch zu verstehen.

Um die erste Jahrtausendwende nach Christi Geburt kursierten durchaus Spekulationen über die Apokalypse und das neue Reich - allerdings nicht mehr als zu anderen Jahren. Man verband mit dem Jahr 1000 keine besondere Erwartung. Andernfalls hätten Klosterchroniken, die von entsprechenden Ängsten durchaus berichten, in den 990er Jahren Vergleichbares enthalten. Das ist aber nicht der Fall. Ein anderes Indiz liefern die beiden mächtigsten Männer der damaligen Zeit, Kaiser Otto III. und Papst Silvester. Diese sehr gelehrten und eng befreundeten Männer beschäftigten sich ebenfalls mit dem Thema, äußerten sich indes nie besorgt über die nahende Jahrtausendwende. Sie gingen bei der Berechnung der Apokalypse nicht vom Geburtsjahr Jesu aus, sondern vom Zeitpunkt seines Todes.

Die Menschen der ersten Jahrtausendwende waren von Ängsten geprägt, wie die Menschen anderer Epochen auch. Der Tod war im Mittelalter stets präsent und im Gegensatz zu heute kein Tabu. Biblische Schrecken waren konkret, und Anzeichen für göttliches Wirken oder das nahende Ende der Welt glaubte man immer wieder zu erkennen. Diese Haltung prägte das gesamte Mittelalter, und das Jahr 1000 nimmt keine Sonderstellung ein.

Im Übrigen war die Zeitwahrnehmung damals weniger an Jahren ausgerichtet als an wiederkehrenden kirchlichen Festtagen. Die kalendarischen Abweichungen waren sehr groß, die römische Zeitrechnung war weit weniger verbreitet als heute (vgl. S. 11 ff). Die Ostkirche mit dem Zentrum Byzanz zählte im römischen Jahr 1000 nach griechischer Tradition das Jahr 6508, der Islam 390, die jüdische Welt 4706. Ganz abgesehen davon, dass der Jahresbeginn an ganz unterschiedlichen Tagen begangen wurde. Aber selbst innerhalb der westlichen römischen Kirche lag die Sache nicht so eindeutig. Zum Teil zählte man noch nach antiker römischer Tradition, also ab der Gründung der heiligen Stadt 753 vor Christus. Und die Berechnungen über das Jahr von Christi Geburt lagen bis zu 50 Jahre auseinander. Natürlich ist auch heute nicht gesichert, wann Jesus geboren wurde. Für den Millenniumsrummel vor wenigen Jahren spielte das allerdings keine Rolle, da ging es um die bloße »Magie« des Kalenders. Im Mittelalter aber ging es ganz konkret darum, wann welche Voraussagen der Bibel eintreffen würden.

Bußgang nach Canossa

Königliche Niederlage?

Drei Nächte und drei Tage hatte der König im Büßergewand vor den Toren gestanden, barfuß, in bitterster Winterkälte. Es war Ende Januar 1077, als Heinrich IV., deutscher König, nach Italien gereist war, um den Papst in tiefer Reue dazu zu bewegen, Exkommunikation und Kirchenbann zurückzunehmen, die der Heilige Vater über den widerspenstigen Herrscher ausgesprochen hatte. In den Augen des Papstes, der den uneingeschränkten Anspruch erhob, geistliches Oberhaupt der Christenheit zu sein, war der deutsche König häufig ungehorsam gewesen. Konkreter Anlass für den folgenreichen Kirchenbann war die Besetzung des begehrten Mailänder Bischofssitzes. Zum Eklat war es gekommen, weil Heinrich den Einspruch Gregors gegen seine Personalpolitik ignoriert hatte.

Ein Kirchenbann war damals eine ernst zu nehmende Angelegenheit: Er bedeutete nicht einfach die Verweigerung des heiligen Abendmahls oder des Beichtsakraments. Es war vielmehr der Ausschluss aus der Gemeinschaft der Gläubigen: Geistlich gesehen hatte der König selbst sozusagen den wenig attraktiven Status eines Vogelfreien. Ein Herrscher konnte sich das nicht leisten, da seine Autorität erheblich beschädigt wurde. Die Untertanen befreite der Bann vom Treueid dem König gegenüber; sogar der Aufenthalt mit ihm unter einem Dach war nach dem Bannspruch, streng genommen, verboten.

Schon Mitte Dezember war Heinrich in Speyer aufgebrochen und hatte sich mit Frau und Sohn auf die beschwerliche Reise nach Italien gemacht. Gregor VII. hatte sich zunächst geweigert, ihn in Rom zu empfangen, daher war Heinrich ihm

Nach der Überlieferung war es die Markgräfin von Tuszien, die den Papst bestürmte, Heinrich IV. zu empfangen und vom Bann zu lösen

entgegengereist. Voller Demut wartete er nun vor der Burg von Canossa, dem Quartier des Papstes, der sich schließlich des armen Sünders erbarmte und ihn in den Schoß der Kirche zurückholte. Heinrichs Bußgang war eine bedingungslose Kapitulation vor der Autorität des Papstes, ein Akt der Unterwerfung.

So weit die Überlieferung. Näher beleuchtet, ist diese altbekannte Darstellung allerdings nicht korrekt und ziemlich tendenziös. Auch wenn man heute noch bei einer reuevollen Abbitte oft im übertragenen Sinn von einem »Bußgang nach Canossa« spricht - so demütigend, wie es scheint, war die Angelegenheit für Heinrich nicht. Er dürfte auch kaum drei Tage lang ununterbrochen in der Kälte verharrt haben, bis die päpstlichen Ratgeber Gregor überredet hatten, dem König die Absolution zu erteilen. Vielmehr hat er an drei aufeinanderfolgenden Tagen im Büßergewand beim Papst vorgesprochen, und war erst am dritten eingelassen worden. In der Tat hatte sich der bis zum Starrsinn eigenwillige Gregor erst auf längeres Drängen seiner Ratgeber bereit erklärt, den König einzulassen.

Zwar sind die äußeren Daten der Beschreibung richtig, aber das Bild des Königs als reuiger Sünder ist nur ein Aspekt des Geschehens. Mittelalterliche Politik war zu großen Teilen Symbolpolitik. Mit dem Auftreten im Büßergewand entsprach Heinrich den kirchlichen Bestimmungen der Bußpraxis, um so die Aufhebung der Exkommunikation zu erreichen. Ehrenrührig war ein solcher Schritt aber nicht. Heinrich zeigte sich demütig und trug dadurch einen Sieg davon: Denn abgesehen davon, dass der Papst selbst ihm die Absolution erteilte, wendete Heinrich auch eine drohende Gefahr ab. Der Heilige Vater befand sich nämlich auf dem Weg nach Augsburg, wo am 2. Februar ein Reichstag stattfinden sollte. Die mit Heinrich tief zerstrittenen deutschen Fürsten beabsichtigten, den Papst für ihre Position und gegen den König zu gewinnen. Das hätte den König mehr als kalte Füße im Schnee gekostet - womöglich die Krone. Doch so war Heinrich den Fürsten zuvorgekommen und hatte mit seinem »Bußgang« einen Coup gelandet, der ihm politisch nutzte: Der Papst reiste nicht nach Deutschland, Heinrich war sozusagen rehabilitiert und hatte seine Handlungsfähigkeit wiedergewonnen. Er hatte einen taktischen Sieg errungen, auch wenn er als reuiger Verlierer dastand. Da tat es erst mal wenig zur Sache, ob er dem Ansehen und dem Status des deutschen Königtums durch die symbolische Unterwerfung unter den Papst Schaden zugefügt hatte.

Keuschheitsgürtel

Ausgeburt männlicher Eifersucht?

Im Jahr 1931 beschreibt ein Engländer das Thema seines Buches als »eines der merkwürdigsten Dinge, die die männliche Eifersucht je hervorgebracht hat«. Ob als Venusband oder italienisches Schloss, Jungfrauengürtel oder Schloss der Eifersüchtigen – der Keuschheitsgürtel hat die Fantasie vieler Männer, zumal Künstler, beflügelt. Der kundige Engländer vermutet, mittelalterliche Kreuzfahrer hätten die Idee von ihren Orientreisen mit nach Europa gebracht. Und natürlich konnte man sich bei jahrelanger Abwesenheit durch einen Kreuzzug eher auf ein entsprechendes technisches Gerät verlassen als auf Treueschwüre der Gattin. Demzufolge soll es Ehefrauen gegeben haben, die die mitunter jahrelange Absenz ihrer Männer mit einem nicht nur Sex verhindernden, sondern auch ziemlich unbequemen Gerät um die Hüften verbringen mussten.

Die Vorstellung von eisern gegürteten Damen, die den Lockungen der Minnesänger nur sehr begrenzt verfallen können, ist sehr verbreitet. Noch heute gilt der Keuschheitsgürtel als eines der vielen Symbole für die Unterdrückung der Frau im Mittelalter oder er dient vorzugsweise Männern als erotische Projektionsfläche.

Dass Keuschheitsgürtel, so seltsam sie auch anmuten mögen, kein Hirngespinst sind, belegt ein Blick in Kataloge des Sexhandels. Dort gelten sie allerdings als Lustgewinn versprechendes Erotik-Utensil. Und viktorianische Dienstmädchen des 19. Jahrhunderts sollen sich mittels dieser Gerätschaft, die mit einem Hüftband und einem vertikalen Metallriegel den Zugang zum weiblichen Geschlechtsorgan verhinderte, gegen allzu freche Avancen ihrer Dienstherren zur Wehr gesetzt haben.

Für das Mittelalter lässt sich jedoch der Gebrauch von Keuschheitsgürteln nicht nachweisen. Angeblich mittelalterliche Stücke, die in Museen ausgestellt waren, erwiesen sich bei genauerer Prüfung als Fälschungen aus dem 19. Jahrhundert. Man entfernte sie rasch aus den Vitrinen.

Über die zurückbleibenden Gattinnen der mittelalterlichen Kreuzritter wurden noch andere Dinge berichtet, beispielsweise, sie wären für die Zeit der Abwesenheit des Mannes ins Gefängnis gesperrt worden. Auch das entspricht nicht den Tatsachen. Den Schutz der Treue - oder auch der jüngeren Frauen - garantierten eher die Familie beziehungsweise ältere Frauen, die als das fungierten, was man später als Anstandsdame bezeichnete.

Am wahrscheinlichsten ist, dass das »Venusband« schon immer eher als Sextoy Verwendung fand denn als Garant weiblicher Treue.

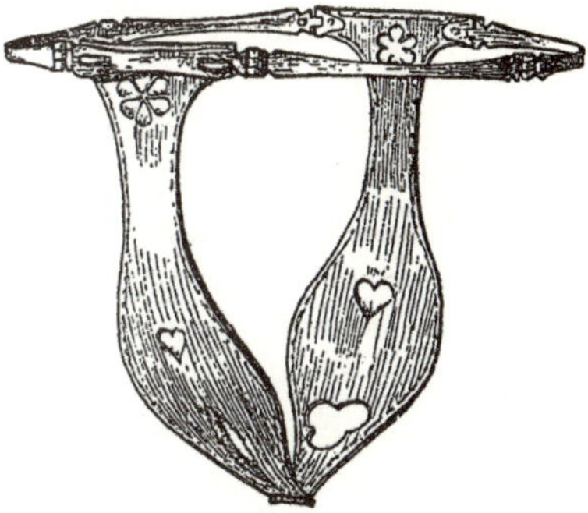

Eiserner Keuschheitsgürtel aus der Sammlung Pachinger, Linz

Kreuzzüge

»Gott will es«?

Weiß gekleidete, stolze Ritter hoch zu edlem Ross, weithin sichtbar ein rotes Kreuz auf den feinen Gewändern. Könige und Kaiser Europas vereint auf dem Zug nach Jerusalem, um im Namen Gottes die heiligen Stätten der Bibel von der Knechtschaft islamischer Herrschaft zu befreien. Tollkühne Abenteurer, die sich in fernen, exotischen Ländern und unbekannten Städten bewähren wollen. Die zunächst kriegerische Begegnung von Morgen- und Abendland, die einen zuehmend fruchtbaren Austausch zweier Welten einleitet. Kreuzzüge gehören, neben der Inquisition, zu den ersten Assoziationen, wenn man ans Mittelalter denkt. Aber während die Inquisition uneingeschränkt als grausam und düster gilt, gehen die Kreuzzüge zumeist als aufregende und einigermaßen glanzvolle Angelegenheit durch. Woher stammen solche romantisierenden Vorstellungen? Und ging es den Kreuzrittern wirklich um die heiligen Stätten der Christenheit?

Am 27. November 1095 hatte Papst Urban II. mit einer Rede ein Konzil im französischen Clermont beendet. Wegen des großen Andrangs war man dafür auf ein großes Feld vor der Stadt ausgewichen. Mit dieser Rede, die unter den Zuhörern begeisterte Zustimmung auslöste, begann die Ära der Kreuzzüge. Schon im Frühjahr 1096 brachen die ersten größeren Heere gen Osten auf, in ihren Reihen viele Deutsche, und noch im eigenen Land kam es zu ersten Ausschreitungen. Opfer der fanatisierten (und geldgierigen) Gotteskrieger waren die jüdischen Gemeinden entlang des Rheins. An ihnen erprobten die Kreuzfahrer schon mal, was sie mit »Ungläubigen« zu tun gedachten. Die Juden waren ihres Lebens nicht sicher.

Dann begann der eigentliche Zug, um der Aufforderung Roms und dem Hilferuf des byzantinischen Kaisers zu folgen und die Ostkirche und die Heilige Stadt Jerusalem von der muslimischen Herrschaft zu befreien. In Byzanz hatte man eher an Truppen gedacht, die sich dem Oberbefehl des oströmischen Kaisers unterstellen und helfen würden, an den Islam verlorene Gebiete zurückzuerobern. Die Sache mit Jerusalem war eigentlich als Ansporn gedacht gewesen, um im Westen des Kontinents Interesse an Feldzügen in den Orient zu wecken. Aber die Kreuzfahrer fassten sogleich ins Auge, Jerusalem und das Heilige Land den Muslimen aus der Hand zu nehmen. Dies gelang erst und auch nur vorübergehend 1099 mit der Einnahme Jerusalems. Adelige und Könige, Bauern und Handwerker folgten dem Ruf des Papstes, im festen Glauben, Gott zu dienen und entsprechend belohnt zu werden.

Es blieb nicht bei der einen Rede in Clermont und auch nicht bei einem Kreuzzug. Zahlreiche weitere Predigten folgten, Urban und seine Nachfolger schrieben Briefe, die Geistlichkeit predigte die Kreuznahme von der Kanzel. Eine regelrechte Massenpropaganda entstand, auch zahllose Deutsche verschiedenster Stände folgten dem Ruf. Zwei Jahrhunderte war die Kreuzzugsidee immer wieder ungeheuer populär, über Generationen fanden sich Männer und Frauen, die »das Kreuz nahmen«, wie man das nannte - also ein Gelübde ablegten, sich das Kreuz auf die Kleidung nähten und mit Gott und für Gott in den Krieg zogen. Unter den Heerscharen befand sich auch einige Prominenz: Beispielsweise Kaiser Friedrich Barbarossa, im Gefolge deutsche Landgrafen, Herzöge und Bischöfe, bis ihn auf dem dritten Kreuzzug 1190 beim Baden der Tod ereilte. Zuvor schon war der deutsche König Konrad III. unter den Heerführern gewesen, später folgten Heinrich VI. und schließlich Friedrich II. und Rudolf von Habsburg.

Die Überlieferung spricht eine drastische Sprache: Ein Blutbad richteten die westeuropäischen Kreuzfahrer an, als sie Mitte Juli 1099 nach dreijähriger Reise, Zehntausenden Toten und fünf Wochen langer Belagerung endlich Jerusalem erober-

Christus als Führer des kämpfenden Ritterheeres

ten. Von christlicher Milde und Nächstenliebe war da nichts zu spüren, als die vom Papst Entsandten in die Heilige Stadt einfielen, wahllos plünderten und jeden Moslem abschlachteten, den sie erwischen konnten. Der wichtigste Kreuzzugschronist Wilhelm von Tyrus berichtet, wie man sich in der eingenommenen Stadt seinen Weg nur noch über Leichen bahnen konnte, als die christlichen Truppen ein drei Tage dauerndes Gemetzel veranstalteten. Ein Teilnehmer erinnert, noch monatelang habe die Luft nach Verwesung gestunken. Erstaunlich, dass die christlichen Berichterstatter sich nicht einmal die Mühe machten, notdürftig zu kaschieren, was da im Namen Gottes geschehen war. »Gott will es!« - Kann das wahr sein?

Die ungeheure Kreuzzugsbegeisterung quer durch alle Schichten hat seither viel Verwunderung und Abscheu hervorgerufen. Eine Massenpsychose? Mancher mag auf das Schuldenmoratorium spekuliert haben, das einem Kreuzfahrer zustand. Oder auf den Sündenablass, den das Kreuzzugsgelübde nach sich zog. Aber es würde dem Phänomen nicht gerecht, Vorteilsdenken als Hauptmotivation auszumachen, genauso wenig wie Dummheit oder Abenteuerlust.

Jerusalem war damals das bedeutendste, wenn auch für die meisten unerreichbare Pilgerziel. Das Bild von der himmlischen Stadt rief geradezu paradiesische Vorstellungen hervor, die damals wohl kaum einen Christen unberührt ließen. Hinzu kamen Endzeiterwartungen, also die Annahme, das Ende der Welt und die Wiederkunft des Messias stünden bevor - was fromme Taten angeraten sein ließ. Und fromm war der Kreuzzug: Wer ins Heilige Land zog, der tat das an der Seite Christi, und das wollten Hunderttausende. Ganze Heere brachen auf. Diese Art der Christusnachfolge war eben nicht kontemplativ, sondern nach außen gerichtet. Die Kreuzzugsidee traf einen Nerv, ein Bedürfnis nach direktem Bezug zum Ursprung des Glaubens und des Heils. Nicht jeder konnte ins Kloster gehen und ein gottgefälliges Leben führen. Wohl aber das Kreuz nehmen und im Gefolge Gottes die heiligen Stätten Jerusalems von den Heiden befreien. Und wer es bis dahin nicht schaffte - nun, für diesen Fall hoffte man voller Zuversicht auf den Märtyrerstatus als prompten himmlischen Lohn.

Militärisch gesehen waren die Kreuzzüge Kriege wie andere, nicht nur mittelalterliche Kriege: grausam und gnadenlos. Neu war die internationale Zusammensetzung der Teilnehmer, die dem Ruf Gottes durch den Papst Folge leisteten. Der entscheidende Unterschied bestand allerdings darin, im Namen Jesu Christi so brutal zu metzeln. Kritik an den Kreuzzügen gab es zwar, doch sie fiel gering aus und blieb vergleichsweise wirkungslos, angesichts der massenhaften Begeisterung für die Sache. Wo doch Gott das Heer führte, was sollte da geschehen, was nicht in seinem Namen gerechtfertigt war?

Was aber waren die Kreuzzüge? Schändliche Feldzüge im Namen Gottes, um das Heilige Land zu erobern? Weltlich inspirierter, christlich legitimierter Imperialismus gen Osten? Ein gegen den heidnischen Islam gerichteter Religionskrieg? Oder redlicher Verteidigungskampf gegen einen islamischen Expansionsdrang?

Als Papst Urban II. zum ersten Mal zum Kreuzzug aufrief, ging es ihm um die Befreiung der Heiligen Stadt, um Hilfe für die Glaubensbrüder im Osten, aber nicht um eine Herrschaft über das Heilige Land. Vielmehr sah man sich genötigt, dem islamischen Expansionsdrang etwas entgegenzusetzen. Muslimische Truppen hatten Europa schon mehrfach bedroht, immerhin stand bereits ein großer Teil der iberischen Halbinsel unter islamischer Herrschaft. Die römische Kirche war nicht darauf aus, den Islam zu besiegen, abgesehen von der Unmöglichkeit eines solchen Unterfangens war man auch sonst eher an einer friedlichen Koexistenz interessiert. Von der Absicht, einen Religionskrieg zu führen, kann daher keine Rede sein. Jenseits des Mittelmeeres saß der Islam, dessen Existenzrecht außer Frage stand, aber Europa gehörte dem christlichen Gott, ebenso Jerusalem, daran gab es nichts zu deuteln.

Schon bald hatten die Kreuzzüge nicht mehr nur Jerusalem und das Heilige Land im Visier: Außer gegen die islamische Herrschaft auf der iberischen Halbinsel und gegen Ketzer überall in Europa, zogen Kreuzfahrer auch nach Deutschland: entweder um die Slawen im Osten gewaltsam zu christianisieren, oder gegen die Staufer, so 1199 gegen den Reichsministerialen Markward von Annweiler und Jahrzehnte später gegen Kaiser Friedrich II. selbst und seine Nachfolger. Denn das Papsttum hatte den Nutzen der Kreuzzugsidee für den eigenen politischen Vorteil bald erkannt. Rom nutzte die Schlagkraft und Popularität der Kreuzzugsidee, um im christlichen Europa eigene Interessen erfolgreich durchzusetzen und Gegner wirkungsvoll zu diskreditieren - und auch offen zu bekämpfen.

Schließlich muss noch die Vorstellung korrigiert werden, Kreuzzüge habe es nur im Mittelalter gegeben. Zwar stammt die Idee aus dem Mittelalter, aber auch spätere Päpste verkündeten Kreuzzüge: etwa gegen die englische Reformation - die spanische Armada Philipps II. segelte 1588 im Namen des Kreuzes gen England - oder noch bis 1699 wiederholt gegen die Muslime.

Friedrich Barbarossa

»... und wird einst wiederkommen«?

Hoch oben auf der Spitze des Kyffhäuser erheben sich die Ruinen der gleichnamigen Reichsburg, ehemals in ganzer Pracht stolz die Bergkette überragend. Seit dem Ende des 19. Jahrhunderts ergänzt ein Denkmal die Ansicht: das Kyffhäuser-Denkmal, das Kaiser Wilhelm zusammen mit dem rotbärtigen Staufer Friedrich Barbarossa zeigt, Letzterer als Erwachender dargestellt, im Krönungsmantel und mit Kaiserkrone. Ein anderes Monument der Zeit sind die beiden Reiterstandbilder Wilhelms und Barbarossas vor der Goslarer Kaiserpfalz, ein trautes Kameradenpaar hoch zu Ross.

Barbarossa starb, durchaus noch ein rüstiger älterer Herr, auf dem dritten Kreuzzug 1190, weitab der Heimat. Sein Leichnam sollte in Jerusalem beigesetzt werden, verschwand aber irgendwo auf dem Weg spurlos. Vielleicht waren dieser geheimnisvolle Tod und das weitere Schicksal seiner sterblichen Überreste der eigentliche Ursprung einer Sage, die sich seit Anfang des 16. Jahrhunderts um den Stauferkaiser rankt und sich im 19. Jahrhundert großer Popularität erfreute – so dass ein deutsches Nationaldenkmal für den Kaiser der Reichsgründung von 1871 wie selbstverständlich einen sieben Jahrhunderte früher lebenden Vorgänger gleichfalls ehrte. In Anspielung auf den rotbärtigen Staufer wurde Wilhelm I., der auch einen Bart trug, »Barbablanca« genannt. Reichskanzler Bismarck setzte 1878 sogar eine Forschergruppe in Gang, um in Kleinasien nach dem Grab des Kaisers zu suchen – ohne Erfolg.

Um eine Erklärung dafür war die Legende nicht verlegen: Ihr zufolge war Barbarossa auf dem Kreuzzug gar nicht gestorben, sondern lebte weiter, nämlich im Inneren des an Höhlen reichen Kyffhäuser. Dort, so die Erzählung, sitze er an einem Tisch und erwarte, halb wach, halb schlafend, den Zeitpunkt seiner Rückkehr, während sein Bart einstweilen wachse und wachse - durch die Tischplatte hindurch. Ein hübsches Motiv, das natürlich reichhaltige künstlerische Verwendung fand - und zu sehr witzigen politischen Karikaturen führte. Im »Volksbüchlein von Kaiser Friedrich« von 1519 heißt es, der Kaiser sei »verloren gegangen« und niemand wisse so recht, wo er hingekommen sei, aber manche behaupteten, er sei am Leben und würde in einem hohlen Berg auf seine Rückkehr warten. Nicht nur im Kyffhäuser vermutete man den alten Herrn, sondern auch in einer steinernen Höhle bei Kaiserslautern oder in der Nähe von Salzburg. Die Brüder Grimm wähnen ihn im Thüringischen. Sie wissen außerdem von mehreren Versionen der Sage: In manchen, so erklären sie, wachse der Bart durch den Tisch, in anderen um ihn herum. Und solange noch Raben um den Berg flögen, würde Barbarossa nicht zurückkehren und seine Mission erfüllen.

Die erst lange nach seinem Tod entstandene Mär vom Kaiser, der zurückkehren und sein Volk in eine Zeit von Ruhm und Frieden führen würde, bezog sich ursprünglich gar nicht auf Barbarossa, sondern auf seinen Enkel, Kaiser Friedrich II., der 1250 starb. Mehr noch als an seinen Großvater knüpften sich im späten Mittelalter an den jüngeren Friedrich Hoffnungen auf seine Wiederkehr als Friedenskaiser, der mit einem tausendjährigen Reich das in der Bibel vorhergesagte Ende der Welt einläuten würde. Freilich gab es auch die päpstliche Partei, die das strahlende Herrscherbild des erbitterten Gegners, gegen den zu Lebzeiten immerhin ein Kreuzzug ausgerufen worden war, zu demontieren versuchte. Sie zeichnete das Bild vom Antichristen, das krasse Gegenteil des Friedenskaisers.

Mit Barbarossa als Hauptdarsteller aber überlebte die Sage vom wiederkehrenden Kaiser das Mittelalter. Seit 1815, als Napoleon zum Abtreten gezwungen worden war und die Deutschen allmählich ein Nationalgefühl zu entwickeln begannen, wurde die Sage von Barbarossa zu einem beliebten literarischen Sujet mit politischem Hintergrund. Auf dem Kyffhäuser fand während der Revolution von 1848 eine Feier statt, bei der

Kaiser Friedrich I. Barbarossa als Kreuzfahrer

sich thüringische Patrioten in einem eigens verfassten Gedicht der Zustimmung des alten Kaisers zu ihrer Erhebung versicherten. Damals begannen Vereine im schwäbischen Stammland Barbarossas, das Adelsgeschlecht als Namensgeber zu erwählen. Noch heute gibt es Vereinswappen, die den Berg abbilden, Philatelisten, die sich nach den Staufern benennen, oder Ruderer, die mit dem Schlachtruf: »Staufen, Staufen in die Riemen!« ihren Herausforderern davonfahren.

Das Herrschergeschlecht der Staufer, das den Glanz des deutschen Mittelalters und den Stolz des deutschen Kaisertums verkörperte, erwies sich bald als ausgesprochen geeigneter historischer Bezugspunkt bei der Gründung des Deutschen Reiches 1871 durch Wilhelm I. und seinen Kanzler Bismarck. Gerade Barbarossa taugte vortrefflich als Projektionsfläche für eine nationale Stimmung. Aber der Stauferfürst diente auch als Ahnherr und lieferte Ideen für Symbolpolitik. Als beispielsweise Kaiser Wilhelm II. 1898 nach Palästina reiste, bestand er darauf, die Strecke Haifa-Jerusalem hoch zu Ross zurückzulegen - wie seinerzeit Barbarossa als Kreuzritter. Und natürlich fanden die ungezählten Gedichte um den Rauschebart-Kaiser im Berginnern Eingang in die Schulbücher des Kaiserreichs.

Aus heutiger Sicht mag es befremdlich bis lächerlich wirken, wenn die Hohenzollern unbekümmert in die Fußstapfen der mittelalterlichen Vorgänger traten und in den vielen Denkmälern mit großer Geste die Vergangenheit bemühten. Aber das war harmlos im Vergleich zu dem, was noch kommen sollte. Denn die Nationalsozialisten nutzten den Staufermythos eifrig für ihre Propaganda, sei es durch »Sonnwendfeiern« der Hitlerjugend in der Barbarossakirche von Hohenstaufen oder durch einen historischen Umzug, der aus Anlass der Eröffnung des »Hauses der Deutschen Kunst« 1937 in München stattfand. Ganz zu schweigen vom »Unternehmen Barbarossa«: Auf persönliche Veranlassung Hitlers wurde ein anderer Titel für die militärische Operation zum Überfall der Sowjetunion 1941 kurzerhand abgesetzt. Hitler bestand auf einem Verweis auf Kaiser Rotbart - ob er damit einen neuen Kreuzzug anzeigen wollte oder den »Aufbruch Gesamteuropas gegen den (roten) Bolschewismus«, wie die Nazipropaganda tönte, sei dahingestellt. Jedenfalls war der nationale Staufermythos dadurch vollends diskreditiert. In diesem Sinne endet denn auch Günter Kunerts »Neuere Ballade infolge älterer Sage«:

Tief in Höhlen des Kyffhäuser
Lebt nur noch als Schimmelpilz
Eine alte deutsche Sage:
Die betrogne Hoffnung will's.

Das Recht der ersten Nacht

Gefühllose Sitten?

Man stelle sich vor: Braut und Bräutigam tanzen liebestrunken, bis der Blick der hübschen jungen Frau auf einen Beobachter am Rand des Geschehens fällt. Die Musik verstummt, ein Schatten fällt auf ihre lieblichen Züge, und kurz darauf, als sein Herr mit einer lässigen Geste einfordert, was ihm zusteht, erstarrt der Bräutigam in Schmerz: Er muss seine Liebe ziehen lassen - das Recht der ersten Nacht mit der Braut gebührt seinem Herrn.

Das Protokoll der Sitzung des Deutschen Reichstags vom 15. Dezember 1881 verzeichnet »Große Heiterkeit«, als sich ein Abgeordneter gegen Verleumdungen der adeligen Junker zur Wehr setzte. Er warf ihnen vor, mittelalterliche Zustände wieder einführen zu wollen, in denen gar das *ius primae noctis*, das Recht der ersten Nacht, wieder zur Geltung käme. Vielleicht hatte der gute Mann am Abend zuvor eine Vorstellung von Mozarts »Hochzeit des Figaro« gesehen. Da geht es um eine Intrige des Figaro mit seiner Braut Susanna. Sie wollen gemeinsam verhindern, dass Graf Almaviva vom Recht der ersten Nacht Gebrauch macht, obwohl er eben das selbst abgeschafft hat. Wahrscheinlicher aber ist, dass der Abgeordnete wie die meisten anderen auch überzeugt war, dass es wirklich eine Zeit gegeben hatte, in der ein adeliger Grundherr seinen Abhängigen die Brautnacht stehlen konnte. Was Mozart frivol-heiter für einen stimmungsvollen Opernabend verarbeitet hat, wird bis heute auch von vielen Historikern als authentisch angesehen.

Hat das Mittelalter in den letzten Jahren auch zunehmend an Popularität gewonnen, sind doch die meisten der bekanntesten Begriffe, die man mit dieser Epoche in Verbindung bringt, negativ besetzt: Neben der Inquisition oder dem Lehnswesen gehört das berüchtigte Recht der ersten Nacht dazu, das im Falle der Heirat eines Abhängigen vom Lehnsherrn beansprucht werden konnte. Auf die heutige Vorstellung vom Mittelalter hat die Überlieferung dieser »Sitte« großen Einfluss gehabt. Denn wie ließe sich die Ohnmacht der vielen »kleinen Leute«, die ohnehin ein hartes, karges und kurzes Leben fristeten, besser ausdrücken als in diesem barbarischen Akt sexueller Willkür?

Nun ist sexuelle Selbstbestimmung eine Entdeckung der aufgeklärten Neuzeit. Ehen waren im europäischen Mittelalter ökonomische Zweckgemeinschaften, nicht selten bestimmt von familiären Erwägungen oder verordnet von eben jenem Grundherrn. Die Liebe ist zwar nicht gerade eine Erfindung unserer Zeit, dass sie aber als Grundlage für eine Eheschließung keine große Rolle spielen musste, kann noch unsere Großeltern- und Elterngeneration bestätigen. Die Rechte eines Grundherrn über seine Abhängigen reichten weit, sie waren aber nicht identisch mit der Leibeigenschaft, mit der sie häufig verwechselt werden.

Auch wenn ein *ius primae noctis* zu den Machtverhältnissen des Mittelalters zu passen scheint, und unabhängig davon, wie Macht im Mittelalter sexuell ausgeübt wurde, hat es ein institutionalisiertes, juristisch verankertes Recht des Grundherrn auf die erste Nacht mit der Braut jedes seiner Abhängigen nie gegeben.

Immer wieder gab es Kontroversen um diesen Tatbestand, die vor allem unter einem Aspekt aufschlussreich sind: Es ging eher um politische Auseinandersetzungen der jeweiligen Zeit als um das ernsthafte Bemühen, das Mittelalter zu verstehen. Die Französische Revolution beispielsweise verteufelte das Mittelalter, wo immer es ging, als den barbarischen Gegensatz zu den Errungenschaften von Aufklärung und Revolution. Das *ius primae noctis* eignete sich dafür ganz ausgezeichnet. Eine wissenschaftliche Auseinandersetzung mit dem Thema begann erst im 19. Jahrhundert, im Zuge der beginnenden umfassenden Erforschung des Mittelalters.

Untersuchungen haben ergeben, dass das Recht der ersten Nacht zwar seit dem 13. Jahrhundert in Quellen Erwähnung findet, dass es darüber hinaus jedoch keinerlei Beweise dafür gibt, dass ein solches Recht verbrieft war und ausgeübt wurde. Auffälligerweise gilt das nicht nur für das deutsche Mittelalter, sondern ebenso für andere Länder. Wahrscheinlicher ist, dass eine andere Praxis des Lehnswesens falsch überliefert wurde: Es gab eine Art Ablösesumme, die ein Unfreier zu entrichten hatte, wenn er eine Braut aus dem Herrschaftsgebiet eines anderen Lehnsherren ehelichen wollte. Mit sanktioniertem sexuellem Zwang hatte das aber nichts zu tun: Es ging eher um die Arbeitskraft, die dem Herrschaftsgebiet verloren ging. Andernfalls hätte sicher die Kirche ihren Einfluss gegen diesen Brauch geltend gemacht, denn das Ideal von Monogamie und Jungfräulichkeit wurde zumindest nach außen hin immer streng gewahrt.

Der Mythos vom »Recht der ersten Nacht« dürfte letztlich männlichen Fantasien geschuldet sein und wurde über die Jahrhunderte unterschiedlich benutzt. Zum Beispiel eignete sich dieses angebliche Recht des Adels über die Frauen seiner Herrschaft hervorragend für anti-aristokratische Propaganda. Beaumarchais, der die literarische Vorlage schrieb, die Mozart zum »Figaro« inspirierte, hatte für sein Lustspiel jedenfalls genau diese Wirkung beabsichtigt: Er wollte in den ersten Jahren nach der Französischen Revolution die feindliche Stimmung gegenüber dem Adel weiter anheizen.

Des Kaisers Stammbaum

Lückenlos bis Adam?

Kunz von der Rosen, der Hofnarr Kaiser Maximilians I., führte einmal einen alten Bettler und eine ausgemergelte, nicht minder betagte Soldatenhure vor den Thron seines Herrn. Die beiden erbaten Hilfe, die ihnen rechtmäßig zustehe: Schließlich seien sie Verwandte des edlen Kaisers, so behaupteten sie selbstbewusst und verwiesen mit großer Geste auf den kaiserlichen Stammbaum. Maximilians herzliches Lachen auf diese Bitte ist überliefert, und vermutlich wird er den beiden für das kleine Amüsement einen Obolus gegeben haben. Wie aber war der Hofnarr auf diese Idee gekommen? Oder was mochte einen Chronisten zu dieser Anekdote angeregt haben?

Kaiser Maximilian I. (1493–1519) unternahm einige Anstrengung, um mit einem weit zurückreichenden Stammbaum den Glanz seiner Herrschaft historisch abzurunden. Eine ganze Belegschaft gelehrter Herren machte sich daran, die genealogischen Wurzeln des Hauses Habsburg auszumachen. Dass man dabei von ihnen erwartete, einen möglichst lückenlosen und über viele Generationen reichenden Stammbaum vorzulegen, dürfte vorher klar gewesen sein. Schließlich war dieser Auftrag das, was man heute eine Propaganda-Aktion zur Imageförderung nennen würde. Nicht dass Maximilian es nötig gehabt hätte – er, den das Volk als »letzten Ritter« aufrichtig verehrte. Aber die gehobene Gesellschaft der Renaissance interessierte sich mehr und mehr für Geschichte und Herkunft. Und es war nicht länger damit getan, eine eindrucksvolle Abkunft einfach zu behaupten, sie musste mit einem ordentlich gefertigten Stammbaum nachgewiesen werden.

Der Auftrag wurde erfüllt - sicherlich zur vollsten Zufriedenheit des kaiserlichen Kunden. Denn im Ergebnis, so zeigt es eine berühmte Abbildung aus dem Jahr 1518, hatte die Welt drei große Herrscherfolgen hervorgebracht: die der Päpste, der römischen Kaiser und der Habsburger. In Maximilian vereinten sich die drei Stränge zu größter Pracht und Herrlichkeit. Überdies geht des Kaisers Stammbaum bis auf Adam zurück, den ersten Menschen. Nicht schlecht, möchte man meinen, weiter hatten die ausführenden Fachleute, die in Innsbruck ihrer Fabulierkunst nachgingen, schwerlich gehen können. Und daher stammte auch die Idee des Hofnarren: Wenn Maximilian Adam als Stammvater reklamierte, konnte das mit gutem Recht auch jeder andere tun. Also war der Anspruch der beiden Alten zumindest theoretisch vollkommen gerechtfertigt: Sie gehörten zur Familie des Kaisers.

Von Adam aus vollzog Maximilians Stammbaum aber noch interessante Kurven: Als stünde dem Renaissance-Fürsten ein klassischer Stoff besonders gut an, ließen sich Maximilians Genealogen für des Kaisers Familiengeschichte außerdem von Homer inspirieren: Sie arbeiteten die Trojanersage in ihr Werk ein.

Viele antike Stoffe haben im Mittelalter ihre Anziehungskraft bewahrt, sie sind erzählt und - von den wenigen *literati*, also Schriftkundigen der Zeit - auch gelesen worden. Das berühmte Epos über die Trojaner gehört dazu. Jahrhunderte vor Schliemanns legendärem Fund glaubte man im Mittelalter fest an die Existenz der Stadt und den Wahrheitsgehalt der überlieferten Geschichten. Vor allem in der Renaissance wurde die Sage dann aber nicht mehr nur weitererzählt, sondern auch in einen direkten Zusammenhang zu den Verhältnissen der Zeit gestellt - und politisch benutzt.

An Troja interessierte Maximilian weniger der klassische »Touch« oder die Authentizität des tapferen Achill und der schönen Helena: Er wollte den »Nachweis« einer ununterbrochenen Herrschaftsfolge der Habsburger von der eigenen Person bis zurück in die Zeit Trojas liefern. Maximilian befand sich mit seinem Anliegen in guter Gesellschaft: Viele Chroniken und Urkunden verweisen auf eine trojanische Abstammung zum Beispiel der Karolinger, als handele es sich um eine Selbstverständlichkeit.

Also bediente sich Kaiser Maximilian ebenfalls einer solchen Verwandtschaft und verlieh sich und seiner Familie mit dieser genealogischen Konstruktion den erwünschten Glanz. Kontinuität im Stammbaum war damals unerlässlich, sie bedeutete gleichzeitig Sicherheit und Autorität. Herrschergeschlechter hatten keinen unangefochtenen Stand, ihre Macht bedurfte der fortwährenden Rechtfertigung. In der Gedankenwelt des Mittelalters war die beste Legitimation einer Machtstellung der Nachweis, man gehöre einer uralten Dynastie an und habe außerdem schon immer geherrscht. Nicht charakterliche Eigenschaften qualifizierten für die Herrschaftsausübung - was zählte, war die Abstammung von einem ausgewiesenen Herrschergeschlecht, die sozusagen höhere Weihen verlieh. Aber selbst das edle Blut allein reichte nicht, zur Legitimierung aktueller Herrschaftsansprüche benötigte eine Dynastie daneben die ununterbrochene Generationenfolge von Herrschern.

Maximilians aus heutiger Sicht durchsichtige Strategie zur dynastischen Legitimierung seiner Macht fand auch in anderen Ländern rege Anwendung. Viele Herrscherstammbäume gingen zurück auf die merowingischen Könige, von denen die Linie dann bis zu den Trojanern weiterführte.

Maximilian verfolgte mit dieser Art »geschönter« Abstammung aber noch einen weiteren Zweck: Er war der erste deutsche König, der die Kaiserkrone nicht mehr direkt durch die Hand des Papstes erhielt. Das war wichtig, denn damit erkannte Maximilian die Oberherrschaft der römischen Kirche symbolisch nicht mehr an - im Unterschied zu seinen Amtsvorgängern. Die Abkunft von Troja war rein weltlich. Ohne die mittelalterliche Vorstellung eines Gottesgnadentums aufzugeben, betrachtete sich Maximilian als unabhängig von den Gnaden der römischen Kirche - und deshalb nicht mehr zu unbedingtem Gehorsam verpflichtet.

Juden im Mittelalter

Schlächter kleiner Kinder?

Als am Heiligen Abend des Jahres 1235 ein Müller aus Fulda mit seiner Frau aus der Christmette zurückkehrte, war seine Mühle vor den Toren der Stadt abgebrannt. Aus den verkohlten Trümmern wurden fünf Leichname geborgen: die Söhne der Eheleute. Ein Brandstifter konnte nicht gefunden werden, und so nahmen die Bürger der Stadt alle 32 Mitglieder der jüdischen Gemeinde der Stadt gefangen und beschuldigten sie, das grausame Verbrechen begangen zu haben. Ein paar Tage später wurden die Fuldaer Juden von der aufgebrachten Menge getötet - noch vor Abschluss des Prozesses.

Der Vorwurf des jüdischen Ritualmordes an christlichen Kindern, vor allem Jungen, zieht sich durch das Mittelalter bis in die jüngste Gegenwart. Sobald eine Kindsleiche gefunden wurde und der geringste Verdacht bestand, es könne sich um eine unnatürliche Todesursache handeln, fiel der Verdacht auf Juden. Immer wieder wurden ganze jüdische Gemeinden ermordet, weil sie angeblich Kinder getötet hatten, um das Leiden Jesu zu verhöhnen und das Blut der unschuldigen Kinder für abscheuliche rituelle Zwecke zu verwenden. Worin genau diese Riten bestanden, wusste allerdings niemand so recht zu sagen. Angeblich würde einmal pro Jahr zu Ostern ein Christenkind getötet, so berichteten Kirchenchroniken. Mit ähnlich unklaren Absichten würden die Juden auch geweihte Hostien stehlen und schänden. Solche Vorwürfe machte man im Übrigen auch Ketzern und später Zigeunern.

Die jüdischen Gemeinden des christlichen Europas lebten im Mittelalter gefährlich. Marodierende Kreuzfahrer beschuldigten sie, Jesus ans Kreuz genagelt zu haben, und sie schlachteten Juden regelrecht ab, bevor sie sich zur Befreiung Jerusalems ins Heilige Land aufmachten. Ihnen wurden hohe Schutzzölle auferlegt, und immer wieder wurden sie aus ihren Städten vertrieben, beispielsweise unter dem Vorwand der Brunnenvergiftung zu Zeiten der Pest, um dann gegen hohe Geldzahlungen zurückgeholt zu werden. Nicht selten war die Motivation für die vielen mittelalterlichen Hetzjagden gegen die Juden, dass Städten oder Bischöfen Geld fehlte. Das holten sich beide bei den jüdischen Gemeinden - erst durch deren Vertreibung, die sie sich bezahlen ließen, danach durch die Erhebung von Schutzgeldern, wenn sie sie wieder zurückholten. Daneben warf man den Juden unerlaubte Missionstätigkeit vor, ebenso wie Zinswucher. Den Geldverleih machte man ihnen ohnehin zum Vorwurf, obwohl den Juden die Ausübung der meisten »ehrbaren« Berufe verboten war, eben weil sie Juden waren. Andererseits durften Christen keinen Geldhandel betreiben, so dass sie bei Bedarf auf jüdische Geldverleiher angewiesen waren. Und was den Missionsvorwurf betrifft: Während die katholische Kirche das christliche Missionsideal eifrig verfolgte und nicht selten mittels Zwang durchsetzte, hielten sich die Juden zurück.

Die Wurzeln des früher wie heute wirksamen Antisemitismus werden oft im Mittelalter ausgemacht, in einer Gesellschaft, die universell von Kirche und Christentum geprägt war. Juden wurden immer als das Fremde angesehen, obwohl sie in Deutschland schon seit der Spätantike ansässig und fester Bestandteil der mittelalterlichen Gesellschaft waren - wenn auch an ihrem Rand. Man verstand sie aber durchweg als Gegensatz zur christlichen Norm - und als willkommene Sündenböcke. Zwar gab es immer wieder, wenn auch zumeist sehr halbherzige Versuche, die Juden zu schützen - sogar seitens der Kirche, denn immerhin war auch Jesus gebürtiger Jude gewesen und das Judentum der Ursprung des christlichen Glaubens - aber diese Maßnahmen bewegten sich stets im Rahmen dessen, was wir heute als Diskriminierung und Ausgrenzung bezeichnen. Und was sollte man einem Volk auch zugute halten, das aus »Gottesmördern« bestand, so lautete jedenfalls die verbreitete Ansicht des gemeinen Volkes. Wer außerhalb der christlichen Ordnung lebte, dem war alles zuzutrauen, das galt für Juden genauso wie für Ketzer.

Als der Kaiser von den Fuldaer Ereignissen erfuhr, griff er ein. Zwar half die Intervention von höchster Stelle den Juden von Fulda nichts mehr, sie waren tot. Aber der Staufer Fried-

Darstellung des angeblichen jüdischen Ritualmordes an Simon von Trient

rich II. nahm sich der Vorkommnisse, die wohl eher als Alltäglichkeit wahrgenommen wurden, trotzdem an. Im Jahr darauf ließ Friedrich die Angelegenheit auf einem Hoftag förmlich verhandeln und er sprach die Juden von Fulda und des ganzen Reiches vom Vorwurf des Ritualmordes frei. Er wies darauf hin, dass Blutopfer dem jüdischen Verständnis und Ritus zuwiderliefen und verbot generell alle entsprechenden Beschuldigungen. Friedrich II., hoch gebildet und ein Freund des Judentums, konnte damit jedoch nicht verhindern, dass immer wieder haltlose Vorwürfe gegen Juden geäußert wurden. Die schlimmsten Judenverfolgungen in den Zeiten der Pest, vor allem im 14. Jahrhundert, standen den europäischen Juden zu diesem Zeitpunkt allerdings noch bevor. Und auch wenn sich die Situation der jüdischen Gemeinden im christlichen Europa immer wieder besserte: Die Judenfeindschaft hatte in den kommenden Jahrhunderten weiterhin schlimme Folgen - bis hin zum unbeschreiblichen Grauen des Holocaust im 20. Jahrhundert.

Wilhelm Tell

Keine »hohle Gasse«?

Ohne selbst je in der Schweiz gewesen zu sein, schrieb Friedrich Schiller 1804 das weltberühmte Drama »Wilhelm Tell«, sein letztes vollendetes - und erfolgreichstes Stück. Generationen von Schulkindern haben es gelesen, unzählige Male ist es aufgeführt worden. Die bewegende Szene, in der der brutale Landvogt Geßler Tell zwingt, seinem eigenen Sohn mit Pfeil und Bogen einen Apfel vom Kopf zu schießen, hinterlässt wohl bei jedem Leser oder Zuschauer einen nachhaltigen Eindruck. Die ergreifende Sage des einfachen Landmannes, dessen Mut und Schießkunst seinen eigenen Sohn rettet, den verhassten Vogt zur Strecke bringt und schließlich den Aufstand auslöst, aus dem der Freiheitskampf der Schweizerischen Eidgenossenschaft wird, ist noch heute eine so gute Story wie damals.

Damals? Schiller siedelte sein Drama vor dem Hintergrund historischer Entwicklungen an und stützte sich wie bei seinen anderen historischen Stoffen auf alte Chroniken. Im 13. Jahrhundert versuchten die Schweizer, die ungeliebte Herrschaft der Habsburger abzuschütteln. Österreich wollte aber nicht auf seine Ansprüche verzichten. 1291 schlossen die drei Urkantone Uri, Schwyz und Unterwalden einen Verteidigungsbund, der sich gegen die Habsburger richtete. So entstand die Schweizer Eidgenossenschaft, die dann Kanton um Kanton wuchs. Als mit Rudolf I. erstmals ein Habsburger Kaiser wurde, spitzte sich die Lage zu. Rudolf sandte Landvögte zur Verwaltung, die Eidgenossen wehrten sich und besiegten 1315 in der Schlacht am Morgarten das kaiserliche Heer.

Schillers Drama trug erheblich zum Nachruhm des Freiheitskampfes der Schweizer bei. Immer wieder sah man im Tyrannenmord Wilhelm Tells eine willkommene Rechtfertigung für eigene politische Ziele: Während der Französischen Revolution wie im nordamerikanischen Freiheitskrieg war Wilhelm Tell ungeheuer populär. Sogar in China und Japan verbreitete sich die Kunde vom mutigen Schweizer. Nicht grundlos ließ andererseits Hitler das Stück 1941 aus dem Lehrplan der deutschen Schulen streichen. Und 1969 benannte sich eine Gruppe von palästinensischen Al-Fatah-Aktivisten, die auf dem Züricher Flughafen einen Anschlag auf ein israelisches Flugzeug verübten, nach dem schweizerischen Freiheitskämpfer.

Aber vor allem der Schweiz selbst bedeutet Wilhelm Tell sehr viel. Auf dem Felsen in Küsnacht bei Zürich, auf dem Tell den tödlichen Pfeil gegen Geßler angelegt haben soll, wurden ihm zu Ehren zwei Kirchen errichtet. Sein Antlitz zierte bereits Schweizer Münzen und Briefmarken. Aber auch wenn Schillers Drama auf Tatsachen beruht, auch wenn mittelalterliche Chroniken vom Helden Tell berichten - hat es ihn wirklich gegeben?

Die meisten Schweizer behaupten: natürlich. Und das ist verständlich, denn ein solcher Volksheld ist schließlich eine feine Sache. Den gibt man nicht widerstandslos preis. Warum auch sollten ihn zuverlässige Geschichtsschreiber des Mittelalters erfunden haben?

Mit Entrüstung reagieren in der Schweiz sogar Historiker, wenn die Authentizität des Helden angezweifelt wird, wie es seit der Aufklärung im 18. Jahrhundert immer wieder geschah. Insbesondere dann, wenn die Legende der jeweiligen politischen Haltung entspricht.

Aber leider hat Wilhelm Tell mit ziemlicher Sicherheit nicht existiert. Die Ereignisse im späten 13. und frühen 14. Jahrhundert waren vergleichsweise unspektakulär. Das jedenfalls legen die zeitgenössischen Chroniken nahe, die sich auf Berichte über kleinere regionale Ereignisse beschränken. Das Image des rebellischen Volkes, das gegen fremde Herrschaft aufbegehrt, erhielten die Schweizer Eidgenossen erst nach dem Morgartenkrieg. Und noch viel später erst passten die Schweizer Chronisten offenbar eine existierende skandinavische Legende in ihre Texte ein, um die Lücken über die Schweizer Vorgänge zweihundert Jahre zuvor zu füllen - und dramatisch wie volkstümlich auszuschmücken.

Die Meinungen der Forscher gehen zwar noch immer auseinander, aber alles spricht gegen die Existenz Tells. Im Unterschied zu vorangegangenen Auseinandersetzungen mit der habsburgischen Herrschaft gibt es über einen Aufstand wie jenen, den Wilhelm Tell ausgelöst haben soll, keine zeitgenössischen Belege. Der Popularität von Stoff und Held wird das keinen Abbruch tun - aber ein authentischer Gründungsheld der Schweizerischen Eidgenossenschaft ist Wilhelm Tell nicht.

Inquisition

Wahlloser Terror ohne Gnade?

Nichts hat das Bild vom Mittelalter in den nachfolgenden Epochen mehr beeinflusst als die Inquisition: Furchteinflößende, grausame Männer, die erbarmungslos schreckliche Foltermethoden anwenden, um mutmaßlichen Ketzern Geständnisse abzuzwingen. Schwelende Scheiterhaufen überall in Europa - jederzeit bereit, neu angefacht zu werden, damit verurteilte Glaubensfeinde dem Feuer überantwortet werden können. Willkürliche Urteilssprüche in Verfahren, die jedem Rechtsverständnis Hohn sprechen. Psychopathische Kirchenvertreter, die in jedem Abweichler, hinter jedem Versprecher bei einem Gebet eine Verschwörung gegen den wahren Glauben der katholischen Kirche wittern und gnadenlos verfolgen. Doch wie viel davon ist wahr?

Der Begriff Inquisition bezeichnet zunächst nicht mehr als ein juristisches Verfahren zur Erkennung und Überführung von Irrgläubigen, also von Ketzern beziehungsweise Häretikern, die den Glaubensvorgaben der katholischen Kirche nicht entsprechen. Denn die Kirche beanspruchte einen Alleinvertretungsanspruch in Sachen Glaube: Wer die christliche Religion nicht so ausübte, wie Rom es vorgab, musste auf den rechten Weg gebracht werden.

Die institutionalisierte Inquisition war eine Art Höhepunkt in der Durchsetzung dieses Anspruchs. Im Mittelalter wie zu anderen Zeiten kamen immer wieder religiöse Bewegungen und Glaubensformen auf, die entweder eine Reform der Kirche propagierten oder sich mehr oder weniger offen von ihr abwandten. Die bekannteste dieser abtrünnigen Gemeinschaften war die der Katharer. Aus ihrem Namen entstanden, setzte sich der Begriff Ketzer als allgemeine Bezeichnung durch.

Die systematische und erbarmungslose Verfolgung dieser Abweichler setzte erst im Verlauf des 13. Jahrhunderts ein. Noch im 12. Jahrhundert konnten die Ketzer zum überwiegenden Teil »in den Schoß der Kirche« zurückgeführt werden. Denn damals handelte es sich nicht mehr um eindeutige Irrlehren oder Sektenführer, die Jüngerscharen hinter sich versammelten, wie das in den vorangegangenen Jahrhunderten der Fall war. Wer sich von der Kirche abwandte, dem ging es darum, echte christliche Ideale wie Armut und bibelgemäßes Leben verwirklicht zu sehen. Man sah die Kirche zu einem bloßen Machtapparat verkommen und fühlte sich als gläubiger Christ. Nach eher ratlosen Versuchen der Verfolgung entschloss sich die Kirche unter Papst Innozenz III. (1198–1216), die religiösen Bedürfnisse dieser Leute ernst zu nehmen. In jener Zeit gelang es, durch die Gründung neuer Orden, der so genannten Bettelorden (vor allem Franziskaner und Dominikaner), und der Erlaubnis für Frauen, unter Schutz und Aufsicht der Kirche auch außerhalb der Orden ein religiöses Leben zu führen, die »verlorenen Schafe« zurückzugewinnen.

Das 13. Jahrhundert war anders. Die Anschauungen auf beiden Seiten wurden radikaler, die Methoden im Kampf erbarmungsloser. Die Kirche fühlte sich massiv bedroht, außerdem schien es notwendig, das Monopol auf die Verfolgung der Irrgläubigen zu beanspruchen. Unter der christlichen Bevölkerung ging es in Sachen Glaubensbekenntnis nämlich recht schonungslos zu: Die Kirche sah sich genötigt, durch eigene Maßnahmen die häufigen Fälle von Lynchjustiz einzudämmen. Vor jeder rechtmäßigen Verurteilung sollte ein Verfahren stehen, das die Anschuldigungen untersuchte. Es ist also nicht so, dass die mächtige Kirche dem Volk die Inquisition einfach aufgezwungen hätte. Sie entsprach auch einem Bedarf der Menschen. Die Vorstellung, dass das Böse in Form von Ketzern nach Macht strebte, entsprach der mittelalterlichen Vorstellungswelt des einfachen Volkes ebenso.

Unter Papst Gregor IX. (1227–1241) wurde die Inquisition zur Institution. Inquisitoren wurden bestimmt, um die Kirche vor Ort zu vertreten. Der Papst übertrug ihnen ein Gebiet, in dem sie ein Überwachungssystem aufbauten, um der Ketzer habhaft zu werden. Es wurden Handbücher geschrieben, die helfen sollten, die Ketzer aufzustöbern. Das damals vorgeschriebene »ordnungsgemäße« Verfahren würde modernen Maßstäben jedoch schwerlich genügen. Ein mutmaßlicher Häretiker hatte es schwer, sich der Vorwürfe zu erwehren, denn die Beweismittel wurden ihm nicht vorgelegt. Eine wichtige Rolle spielten die Zeugen, die der Angeklagte zwar seinerseits in Verruf bringen konnte, etwa durch den Hinweis, sie zögen einen Vorteil aus seiner Verurteilung. Aber dafür hätte der Beschuldigte wissen müssen, wer die Zeugen waren - und auch das enthielt man ihm vor. Im 13. Jahrhundert setzte man dann die Folter als Instrument ein, was vorher streng verboten war. Es durfte zwar nur einmal gefoltert werden, und unter der Tortur ergangene Geständnisse musste der Angeklagte später bestätigen. Aber eine Sitzung ließ sich ja beliebig oft unterbrechen, ohne als beendet zu gelten. Außerdem gab sich jeder als uneinsichtiger Ketzer zu erkennen, der seine Aussagen später widerrief: Dann war der Feuertod unausweichlich.

Der bekannteste Inquisitor Deutschlands war Konrad von Marburg, Beichtvater der heiligen Elisabeth. Die Inquisitoren waren Bischöfe oder Angehörige der Bettelorden. Vor allem die Dominikaner gelangten zu einiger Reputation. Spötter nannten sie deshalb schon bald *domini canes*, (Blut-)Hunde des Herrn. Inquisitoren lebten durchaus gefährlich, Konrad wurde wie einige seiner Kollegen später ermordet.

Konrad arbeitete nur von 1231 bis 1233 im Auftrag des Papstes, aber der Schrecken, den er verbreitete, wirkte lange nach. Er wurde so berüchtigt, dass der Mainzer Erzbischof sich veranlasst sah, beim Papst zu intervenieren. Die Erfurter Annalen berichten, Konrad habe zahllose Häretiker - oder solche, die er dafür hielt - auf den Scheiterhaufen gebracht. Viele der weniger schwer Verurteilten erhielten nach Konrads Tod eine offizielle Rehabilitierung. Am Beispiel von Konrad wurde gelegentlich ein schwerer Verfolgungswahn der Kirche und vor allem der Inquisitoren diagnostiziert. Vermeintlich im Dienst einer guten Sache haben es viele Kirchenmänner übertrieben.

Mancher sah überall das Böse wirken und schlug wie bei einer Hydra immer wieder zu, worauf für einen verbrannten Ketzer drei neue nachzuwachsen schienen. Eine solche Hysterie muss gleichzeitig aber auch im Volk gewütet haben. Die einfachen Menschen konnten kaum einschätzen, wer Ketzer war, trotzdem herrschte an Zeugen kein Mangel. Sie meldeten, was ihnen seltsam vorkam - eine schwere Zeit für Außenseiter. Besonders deutlich wird der kirchliche Verfolgungswahn an einem Fall, in dem mit viel Aufwand eine Sekte verfolgt wurde, die es nach heutiger Erkenntnis gar nicht gab (vgl. S. 71 ff.).

Seitens der Inquisitoren war der Eifer irgendwann so groß, dass man lieber jeden verbrennen ließ, der verdächtig schien, als Gnade walten zu lassen - manchmal mit dem heute zynisch wirkenden Argument, Gott werde dem Betreffenden im Jenseits schon seinen verdienten Platz zukommen lassen. Inzwischen ging es eben nicht mehr um eine inhaltliche Auseinandersetzung mit den Widersachern, sondern nur noch um ihre Ausrottung, wohingegen man früher noch die Rückgewinnung der Abtrünnigen in den Vordergrund gestellt hatte.

Die Inquisition entwickelte sich also in der Tat zu einem ungeheuer grausamen Instrument, um den Anspruch der katholischen Kirche durchzusetzen, die einzig wahre Art der christlichen Glaubensausübung zu vertreten. Was also ist falsch an den überlieferten Ansichten über die Inquisition?

Zunächst wird die mittelalterliche Inquisition oft mit der Hexenverfolgung gleichgesetzt. Die aber fand gar nicht im Mittelalter statt, sondern Jahrhunderte später, in der frühen Neuzeit. Allerdings beruhten auch die Hexenprozesse auf dem Inquisitionsverfahren. Streng genommen, ist auch die Aussage, die Kirche habe zahllose Menschen verbrannt, falsch. Da kirchliche Würdenträger Blutgerichtsurteile nicht ausführen durften, war es der so genannte »weltliche Arm«, der die Hinrichtungen ausführte.

Eine andere oft geäußerte Überzeugung besagt, die Inquisition habe alle Ketzer dem Scheiterhaufen überantwortet. Auch das ist falsch. Abgesehen von Konrad und ähnlich übereifrigen Inquisitoren wurden Todesurteile vergleichsweise selten ausgesprochen. Unbelehrbare wurden streng bestraft, denn Ketzerei galt als außerordentlich schweres Verbrechen. Darüber bestand durchaus ein gesellschaftlicher Konsens. Weltliche Inquisitoren, die es auch gab, waren häufig schneller dabei, Angeklagte zu verbrennen. Von einigen kirchlichen Inquisitoren wissen wir, dass sie in jahrelanger Tätigkeit kein einziges Todesurteil verhängt haben. Über die häufigeren bereuenden, »harmloseren« Ketzer aber wurden mildere Strafen verhängt: Pilgerreisen, Enteignung, oft Kerkerstrafe oder seltener Freispruch - und die am aufgenähten Kreuz erkennbare Büßerkleidung, die gesellschaftliche Ächtung zur Folge hatte. Wer bereute, hatte gute Überlebenschancen.

Konradin von Hohenstaufen

Roadmovie des Mittelalters?

Das stolze Herrschergeschlecht der Staufer hat schon die Fantasie der Zeitgenossen beflügelt. Sei es der alte Rotbart in seinem Kyffhäuser oder der Falkenzüchter Friedrich II., der wie ein Messias zurückerwartet wurde (vgl. S. 43 ff.). Auch der Letzte dieser berühmten Dynastie, Konradin, macht darin keine Ausnahme. Geboren 1252 auf der Burg Wolfstein nahe Landshut, wuchs er bei der Familie seiner Mutter, den bayrischen Wittelsbachern, auf. Seinen Vater lernte er nie kennen, denn Konrad IV., römischer König und König von Sizilien, starb noch vor der Geburt des Sohnes in Italien - an den Folgen einer Malariaerkrankung.

Deutschland war damals in Anhänger und Gegner der Staufer gespalten. Den Parteigängern gelang es nicht, den Jungen auf den deutschen Königsthron zu hieven. Aber Konradin wollte seinem Vater nacheifern - und den verblassten Glanz seiner Familie wieder auferstehen lassen -, deshalb zog er nach Italien, um vor Ort seinen Erbanspruch auf die sizilianische Königskrone durchzusetzen. Konradin wusste, dass dieses Ziel nur im Kampf zu erreichen war und er gegen den mächtigen Karl von Anjou kämpfen musste.

Der jugendliche Herrschaftsanwärter brach gen Süden auf, vom Papst mit einem Bannfluch belegt, den er einfach ignorierte. Und trotz aller Versuche, ihn politisch zu isolieren, empfing ihn das eigens geschmückte Rom mit allen Ehren, als er die Ewige Stadt im Juli 1252 erreichte. Die begeisterten Römer nannten den schönen Jüngling zärtlich »Corradino«, woraus in Deutschland später Konradin wurde. Eigentlich hieß der Junge Konrad, wie sein Vater. Nach diesem Triumph zog Konradin weiter Richtung Apulien, wo Karl von Anjou versuchte, einen Aufstand niederzuschlagen. Doch sein Heer kam Konradin entgegen, und so kam es zur Schicksalsschlacht bei Tagliacozzo, auf halber Strecke zwischen Rom und der Adriaküste. Konradin unterlag mit seinem Heer der Übermacht des herausgeforderten Anjou.

Nach der verlorenen Schlacht konnte der blutjunge Kämpfer zwar mit ein paar Gefährten fliehen, wurde aber schon bald gefangen genommen und an seinen Erzrivalen Karl ausgeliefert. Dieser ließ den letzten Staufenspross in einem zweifelhaften Prozess als »Räuber, Empörer, Aufwiegler und Verräter«, wie die Anklage auflistete, zum Tode verurteilen und in Neapel öffentlich köpfen. Die Leiche ließ Karl wie die Leiche eines streunenden Hundes am Strand verscharren, erst im Jahr darauf erlaubte er eine würdigere Beisetzung.

Mit seinem Tod aber beginnt das »zweite Leben« des Konradin, des schönen Jünglings und letzten Erben der Staufer: Über einhundert literarische Werke variieren das Motiv des idealistischen Herrschersohnes. Sie erzählen von jenem jungen Mann, der sein rechtmäßiges Erbe antreten will und von der kalten politischen Realität unerbittlich daran gehindert wird, bis der gewaltsame Tod dem vielversprechenden Sprössling des großen deutschen Herrschergeschlechts ein tragisches Ende bereitet.

In jeder Epoche sponnen Dichter an der Legende über die 16-jährige Lichtgestalt Konradin. Oft klingt der Mythos geradezu nach einem mittelalterlichen Roadmovie: Der Fürstensohn unterwegs, rastlos und voller Sehnsucht nach einer Bestimmung, die sich ihm nie erfüllt. Das blutige Schicksal ereilt ihn in der Fremde, und selbst als Toter darf er nicht mehr in die Heimat zurückkehren. Diese Legenden variieren die Elemente des Tragischen immer wieder aufs Neue: Jugend und Schönheit, Idealismus und Einsamkeit, ein aussterbendes Geschlecht von einstiger Größe, früher Tod und Fremde. Diese Motive waren für romantisierende literarische Stoffe wie geschaffen – vor allem zur Zeit des Nationalsozialismus, als man der Jugend den tapferen Adelsspross, der natürlich auf allen

Abbildungen blondes Haar hatte, als Vorbild vermitteln wollte. Insbesondere den Jungen der Hitlerjugend sollte Konradin als Prototyp des »wahrhaft deutschen Helden« nahe gebracht werden.

So machte die Nachwelt - unbekümmert, was die historischen Tatsachen betrifft - aus dem erfolglosen letzten Staufer, was er nie gewesen ist: Aus dem Unglücksraben wurde eine Lichtgestalt, aus dem arglosen Idealisten ein mutiger Held. Und den tragischen, vorzeitigen Tod eines Jünglings stilisierte man zum grandiosen Scheitern eines Unbeirrbaren.

Lebenserwartung im Mittelalter

Ein elend kurzes Dasein?

Stellen wir uns ein thüringisches Dorf irgendwann im Mittelalter vor, unweit einer stattlichen Burg, auf der ein Lehnsherr seiner Herrschaft nachgeht. Während auf der Burg angenehme und gesunde Lebensverhältnisse bestehen - vergleichsweise komfortabel, bei guter Ernährung und Hygiene -, müssen die armen Dorfbewohner im Dreck leben, hart arbeiten und darben. Mit dem Ergebnis: Der Durchschnittsmensch des Mittelalters wurde vielleicht dreißig Jahre alt, wesentlich älter wurden nur Angehörige der privilegierten Schichten: Herrscher und Adelige, Geistliche, reiche Stadtbürger.

Richtig daran ist nur der statistische Wert. Und selbst der ist mit größter Vorsicht zu genießen. Das Mittelalter umspannt, je nachdem, wo man Anfang und Ende der Epoche ansetzt, ungefähr eintausend Jahre. Und die waren sehr unterschiedlich, was Ernährungslage, Seuchen, Klima und andere Einflüsse betrifft, die sich auf die Lebenserwartung auswirken. Für Neugeborene des frühen Mittelalters hat man eine wahrscheinliche Lebensdauer von 28 Jahren errechnet. Um 1250 konnte ein Neugeborenes weit über dreißig Jahre vor sich haben. Wer aber zur Zeit der großen Pestepidemien auf die Welt kam, beispielsweise Mitte des 14. Jahrhunderts, hatte statistisch gesehen deutlich weniger als zwanzig Jahre zu leben. Diese Zahlen gelten für Männer, den Frauen ging es im Mittelalter noch schlechter. Weil Schwangerschaften zum einen häufiger, zum anderen gefährlicher waren als heute, lag die durchschnittliche Lebenserwartung der Frauen erheblich unter der der Männer.

Aber ein eingehender Blick auf diese Statistiken, die heute

anhand von modernen Skelettanalysen erstellt werden können, ergibt ein anderes Bild: Die durchschnittliche Lebenserwartung war vor allem deshalb so gering, weil die Kindersterblichkeit sehr hoch war. Die vielen Babys, die schon im ersten Lebensjahr starben, drücken das durchschnittliche Lebensalter kräftig nach unten. Daher ist es überhaupt nicht ungewöhnlich, dass ein Mensch von zwanzig Jahren - auch wiederum statistisch gesehen - durchaus noch 25 Jahre vor sich hatte.

Als der schwarze Tod, die gefürchtete Beulenpest, seit 1348 seinen Schrecken über Europa verbreitete, fiel ihm ein erheblicher Teil der Bevölkerung zum Opfer. Während sich zuvor die Bevölkerungszahl in ganz Europa zwischen den Jahren 600 und 1000, und dann noch einmal bis zur großen Pestwelle Mitte des 14. Jahrhunderts jeweils ungefähr verdoppelt hatte, nahm sie in den folgenden einhundert Jahren um ein Drittel ab. In Deutschland lebten um 1300 etwa 15 Millionen Menschen, seit der Jahrtausendwende hatte sich die Bevölkerungszahl verdreifacht. Nun raffte der schwarze Tod einen erheblichen Teil der Menschen hin.

Die Pest ist aber nur ein, wenn auch sehr markanter Faktor in der Bevölkerungsentwicklung. Den vorherigen starken Bevölkerungszuwachs erklären Wissenschaftler unter anderem mit den Klimaveränderungen, die um die erste Jahrtausendwende die Landwirtschaft außerordentlich begünstigten und damit die Ernährungslage entscheidend verbesserten. Andererseits war um 1300 in Deutschland wie offenbar insgesamt in Europa ein gewisser Sättigungsgrad erreicht, was die Bevölkerungszahl betrifft. Eine Landflucht setzte ein, und es wurde zunehmend schwieriger, die Menschen zu ernähren. Hinzu kam, dass eine klimatische Abkühlung zu Beginn des 14. Jahrhunderts zu Produktionseinbrüchen der Landwirtschaft führte.

In unserem thüringischen Dorf hat es also durchaus einfache Menschen gegeben, die erheblich älter als dreißig Jahre waren. Zwar gibt es wegen der besseren Quellenlage sehr viel mehr Hinweise auf alte Menschen höher gestellter Schichten. Aber das gilt für diese Schichten insgesamt. Auch wenn die Überlieferung ein anderes Bild vermittelt - ebenso wie ergraute Päpste und Könige hat es betagte Bauern und Handwerker gegeben. Menschen von achtzig oder mehr Lebensjahren gab es auch beim einfachen Volk, sogar von Greisen über hundert wird vereinzelt glaubhaft berichtet.

Die Lebensbedingungen der höheren Stände waren im Mittelalter übrigens nicht viel besser als die der einfachen Leute. Auch auf den Burgen herrschte wenig bis gar keine Hygiene, außerdem war das Essen reich an Fett und Fleisch, was zusammen mit viel schwerem Wein nicht gerade für ein langes Leben präparierte. Die vergleichsweise frugale Kost der Bauern, also viel Getreide und Gemüse, war erheblich gesünder.

Insgesamt attestieren die Forscher, abgesehen von den Zeiten der Pest, den Menschen des Mittelalters eine gute gesundheitliche Verfassung. Die Bewohner unseres thüringischen Dorfes lebten vermutlich sogar länger als die meisten Menschen des Römischen Reiches und sogar die der Frühen Neuzeit in Deutschland.

Die Luziferianer

Hirngespinst der Inquisition?

Im Jahr 1336 tagte in der uckermärkischen Stadt Angermünde ein Inquisitionsgericht. Es untersuchte die Vorwürfe gegen verschiedene Einwohner der Stadt und ihrer Umgebung, der Ketzer-Sekte der Luziferianer anzugehören. Den Vorsitz führte der Bettelbruder Jordan von Quedlinburg, ein Gelehrter aus Magdeburg. Das Gericht befand vierzehn der Angeklagten für schuldig. Sie wurden verbrannt. Das berichtet in knappen Worten die Magdeburger Bischofschronik.

Luziferianer waren Teufelsanbeter, denen man schreckliche Rituale nachsagte: Sie opferten dem Teufel kleine Kinder, denen sie zuvor das Tauföl mit Salz abrieben. Sie schändeten den Altar. Sie trafen sich in dunklen Kellern und begingen dort jede Art von Unzucht, die man sich vorstellen konnte. Sie huldigten schwarzen Katzen und küssten ihnen den Hintern. Sie bezweifelten die unbefleckte Empfängnis der Jungfrau Maria. Sie schändeten Hostien, weil sie nicht an das Sakrament der heiligen Wandlung glaubten.

Der berüchtigte Inquisitor Konrad von Marburg hatte die Luziferianer einhundert Jahre zuvor im Rheinland das erste Mal ausgemacht. Danach stieß er immer häufiger auf diese neue Sekte, verfolgte sie gnadenlos und berichtete darüber nach Rom, von wo aus seine Schilderungen von der Kurie weiterverbreitet wurden. Die Anklagepunkte sind geradezu klassisch, denn sie entsprechen dem, was sich ein aufrechter Christ unter den Machenschaften von Ketzern vorstellte. Auffällig ist, dass anderen Gruppen ähnliche Dinge schon zu anderen Zeiten vorgeworfen worden waren: Auch Christen hatten sich einmal gegen vergleichbare Vorwürfe wehren müssen - bevor das Christentum sich als Staatsreligion durchsetzte. Und die Juden beschuldigte man bis ins 20. Jahrhundert immer wieder, kleine Kinder zu opfern oder untereinander Unzucht zu treiben - Anschuldigungen, die sich bis ins Mittelalter zurückverfolgen lassen.

So formelhaft das Mittelalter in seinem Sprachgebrauch auch gewesen sein mag, Historiker haben trotzdem immer mal wieder gestutzt, wenn es um die Luziferianer ging. Denn bei näherer Betrachtung klingen die Eigenschaften dieser Sekte einfach zu sehr nach Klischee, um der Realität zu entsprechen. Abgesehen von den Anschuldigungen, die der mittelalterlichen Vorstellungswelt vom bösen Teufelswerk an sich entstammen, war das Wesen der Sekte kaum greifbar. Bei anderen Ketzergruppen verhielt sich das anders: Wo Katharer oder Waldenser jenseits frevlerischer Rituale ausgereiften Irrlehren anhingen, war den Inquisitoren wohl bekannt. Hinzu kommt, dass die vermeintlichen Belege für die Existenz der Luziferianer ausschließlich aus den Reihen der Verfolger stammen: der Inquisition. Daher ist man sich heute ziemlich sicher, dass diese Ketzer-Sekte nie existiert hat.

Konrad von Marburg war ausgesprochen verbissen bei seiner Suche nach Irrgläubigen. Er steigerte sich in eine regelrechte Hysterie hinein und wurde wie viele seiner Zeitgenossen zum Opfer eines regelrechten Verfolgungswahns. Seine Schilderung der Teufelsanbeter fiel aber auf fruchtbaren Boden bei der Kirche und den anderen Inquisitoren, die mit Hilfe von formalisierten Handbüchern Irrgläubige aufspürten. In diesen Büchern stand, woran man Ketzer und Ketzerei erkennen konnte. Und sie gaben Hilfestellung bei der Befragung der Verdächtigten. Mittels solcher Handbücher verbreiteten sich Klischees über Ketzer, darunter das der Teufelsanbeter. Und wenn man glaubte, dass eine solche Sekte existierte, dann entdeckte man sie auch bald überall an ihrem perfiden Werk. Protokolle von Inquisitionsprozessen belegen außerdem, wie man Angeklagte einer Sekte zuordnen konnte, die es gar nicht gab: Die Fragen waren fast immer suggestiv und nahmen die Antwort vorweg. Hinzu kamen die Folter und die Neigung der

Angeklagten, lieber zu gestehen als weiterverhört und -gequält zu werden. Viele von ihnen waren zudem hoffnungslos überfordert von der Aufgabe, sich wirkungsvoll zu verteidigen.

Dazu kommt, dass sich im 14. Jahrhundert die Verfolgung erheblich verschärft. Wenn sich die Kirche zuvor noch um eine inhaltliche Auseinandersetzung bemüht und versucht hatte, die »verlorenen Schafe« in den »Schoß der Kirche« zurückzuführen (vgl. S. 60 ff.), ging es jetzt nur noch um die Identifikation der Abweichler, die nach katalogisierten Erkennungsmerkmalen und vorformulierten Fragen der Inquisitionshandbücher erfolgte. Einmal »überführt«, musste die christliche Gesellschaft von den Häretikern »befreit« werden.

Die vierzehn in Angermünde verbrannten Ketzer, so haben Historiker des 20. Jahrhunderts nachweisen können, waren nach den Vorstellungen der katholischen Kirche zwar Ketzer, Teufelsanbeter waren sie aber nachweislich nicht, denn sie gehörten der Sekte der Waldenser an, eine der größten Gruppen so genannter »Irrgläubiger« in Deutschland. Und die Waldenser beteten weder den Teufel an noch huldigten sie schwarzen Katzen.

Reliquien

Heilige mit vielen Köpfen?

Wenn es von der Vorhaut Jesu mehrere Exemplare gab, mussten alle bis auf eines Fälschungen sein. Papst Innozenz III. sah sich 1179 außerstande zu entscheiden, welches der als echt reklamierten, in winzige, reich verzierte Schreine eingepasste Hautstücke die authentische Reliquie war - Gott selbst mochte das entscheiden. Vermutlich waren sie alle falsch, denn es ist kaum anzunehmen, dass dieser Fetzen Haut aufgehoben wurde. Nach dem Lukasevangelium fand die Beschneidung Jesu immerhin schon am achten Tag nach der Geburt statt.

Von Jesus und Maria existieren keine Körperteile als Reliquien, denn beide sind mitsamt ihren Körpern gen Himmel gereist. Nur die bei seiner Beschneidung als jüdisches Kind entfernte Vorhaut Jesu konnte verehrt werden - vom heiligen Kreuz, dem Grabtuch oder anderen so genannten Sekundärreliquien einmal abgesehen. Von Maria werden unter anderem zahllose Tropfen ihrer Milch verehrt.

Von den »gewöhnlichen« Heiligen der römischen Kirche aber existieren meist mehr Reliquien, als einem einzelnen Körper entstammen können. Zwei Kirchen reklamierten im Mittelalter für sich, den Kopf des hl. Jakobus zu besitzen. Das sei schlechterdings nicht möglich, stöhnte angesichts dieser Tatsache ein Mönch, der in seiner klösterlichen Schreibstube an einer Chronik schrieb. Wie aber kam es zu dieser Vielzahl an vermeintlich echten Überresten der Heiligen?

Wie sehr wir es aus heutiger Sicht auch belächeln mögen - im Mittelalter besaßen Reliquien eine große Bedeutung. Für eine universal christlich ausgerichtete und überdies von Symbolen und Ritualen geprägte Weltordnung spielten Heilige eine sehr konkrete und lebendige Rolle. Den einfachen Menschen standen sie viel näher als der furchtsam verehrte Gott. Sie waren meist lokal verankert und hatten, so die mittelalterliche Vorstellung, immer ein offenes Ohr und viel Verständnis

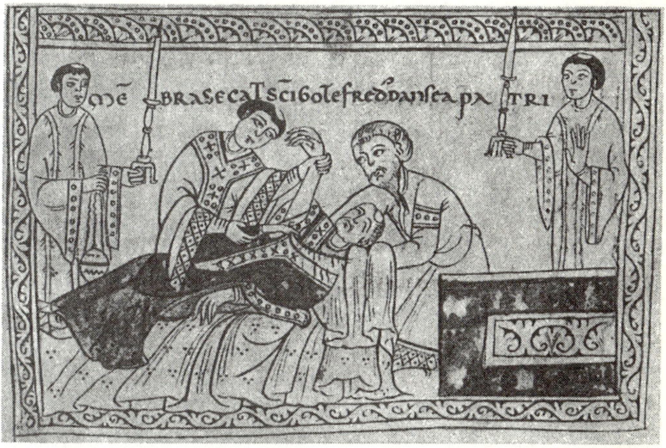

Einem Heiligen werden die Gliedmaßen als Reliquien abgetrennt

für alltägliche Nöte. Heilige waren in der Tat geradezu greifbare tägliche Begleiter der Menschen von damals. So wie heute Bewunderer zum Grab von Lady Diana reisen, pilgerten fromme Christen im Mittelalter zum Beispiel nach Marburg, um den Gebeinen der heiligen Elisabeth nahe zu sein und sich von ihr Trost oder Hilfe zu erbitten. Schon während der Aufbahrung der frommen Landesfürstin waren von den Tüchern, in die Elisabeth eingewickelt war, Stücke abgerissen, es wurden sogar Haare und Nägel vom Leichnam der Heiligen abgeschnitten, weil Gläubige am Nimbus der Heiligen teilhaben wollten. Heute lässt sich nicht mehr genau sagen, ob solche Vorkommnisse immer nur aus Frömmigkeit geschahen - oder eher aus Habgier.

Reliquien besaßen nämlich neben ihrer geistlichen Funktion ein erhebliches ökonomisches und politisches Potenzial. Das Bedürfnis der Menschen nach religiösem Beistand und

Schutz ließ Reliquien zu einem kostbaren Handelsgut werden - wer es sich leisten konnte, besaß ein Amulett, in das wenigstens eine kleine Reliquie eingearbeitet war. Da man an Wunder glauben wollte, sah man sie auch geschehen: Durch die Kraft des Heiligen mittels seiner sterblichen Überreste. Auch ein noch so kleines Stück bedeutete die Präsenz des Heiligen in seiner Gesamtheit - und seiner Heilkraft. Da ist es kaum verwunderlich, wenn geschäftstüchtige Menschen mit der Not der Leute ihr Geschäft machten.

Vielleicht lassen sich Reliquien mit den Resten der Berliner Mauer vergleichen, die man noch heute kaufen kann: Sie lassen sich leicht fälschen, worüber sich auch der Käufer im Klaren ist, aber man stellt sie trotzdem zu Hause ins Regal. Auch im Mittelalter war man sich bewusst, dass es sich immer auch um Fälschungen handeln konnte. Aber das Prestige war zu groß, als dass man das Reliquienwesen kurzerhand hätte abschaffen können - was auch kaum gelungen wäre, denn der Volksglaube war oft stärker, als es der Kirche in Rom lieb sein konnte. Aber auch die Kirche hatte ein handfestes ökonomisches Interesse am Reliquienwesen: Der Besitz einer Reliquie bedeutete für ein Kloster reines Geld, denn sie zog Pilger an, die einem Konvent erheblichen Reichtum bescheren konnten.

In einer Gesellschaft, in der die Grenzen zwischen Politik und Religion fließend waren, erlangte darüber hinaus ein Herrscher mehr politisches Gewicht, wenn er wertvolle Reliquien besaß. Die Aachener Reliquien Karls des Großen, der 1165 heilig gesprochen wurde, bedeuteten eine Bestätigung der Macht seines Nachfolgers Friedrich Barbarossa. Die Existenz einer Reliquie bedeutete die Anwesenheit des Heiligen an diesem Ort. Und diese Anwesenheit war real, jedenfalls nach dem mittelalterlichen Rechtsverständnis. Kein Wunder also, dass immer wieder Kaiser und Könige symbolträchtige Zeremonien vollzogen, in denen Heilige und ihre Knochen eine wichtige Rolle spielten. Nur wenig anderes in dieser Zeit war propagandistisch wirksamer, und den Nutzen öffentlichkeitswirksamer Maßnahmen kannten Politiker auch damals schon.

Es lässt sich heute wie damals nicht mit Sicherheit feststellen, welche Reliquien wirklich echt sind. Die Kirche fand schon im Mittelalter eine findige Erklärung, um dem Problem beizukommen: Wer eine falsche Reliquie in gutem Glauben anbetete, dem sprang der gerufene Heilige trotzdem zur Seite, denn die gute und fromme Absicht ließ Gott Nachsicht walten. Aber man war sich durchaus bewusst, dass Heilige einmal Menschen gewesen waren und schwerlich mehr als zwei Arme und Beine gehabt haben dürften. Als im 10. Jahrhundert ein Besitzstreit zwischen dem Abt eines Klosters und einem weltlichen Herrn ausbrach, sandte der Abt die Reliquien seines Klosters, um seinen Argumenten Nachdruck zu verleihen. Doch den Kontrahenten beeindruckte das wenig. Er äußerte abfällig, es handele sich doch ohnehin nur um Pferde- und Eselsknochen.

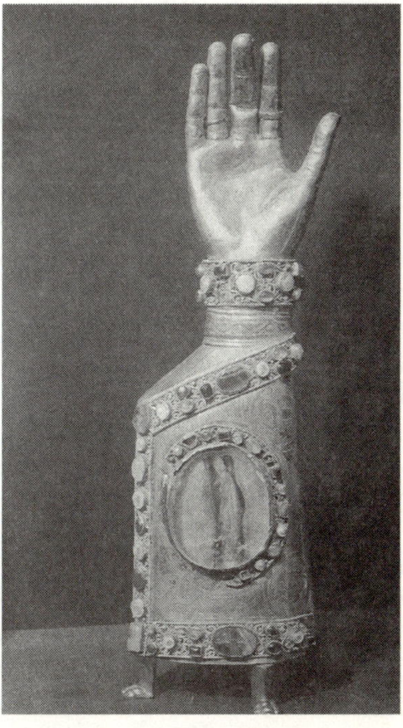

Nikolausreliquiar: Ein mit vergoldetem Silber und Halbedelsteinen verzierter Holzkern umschließt die eigentliche Reliquie, den Finger des heiligen Nikolaus

Hamburg

Titelschwindel im Stadtnamen?

Wer mit dem Auto nach Hamburg hineinfährt, den informiert das amtliche »Ortseingangsschild«, dass die Stadtgrenze der »Freien und Hansestadt Hamburg« erreicht ist. Im Allgemeinen macht man sich wenig Gedanken über diesen Titel. Dass Hamburg im 13. Jahrhundert Mitglied der Hanse wurde, ist denn auch eine weithin bekannte Tatsache, es teilt diese Geschichte mit vielen anderen Städten in Mittel- und Nordeuropa. Zu Recht wird der Wohlstand der norddeutschen Metropole damit in Verbindung gebracht. Aber der Reichtum der mittelalterlichen Hanse konnte sich nur deshalb auch für Hamburg bezahlt machen, weil es die besonderen Privilegien einer freien Reichsstadt für sich in Anspruch nahm.

Der Überlieferung zufolge bat Graf Adolf III. von Schauenburg 1189 den Kaiser, Friedrich I. Barbarossa, darum, einen neuen Hafen gründen zu dürfen. Die Schauenburgs spielen nicht nur wegen dieser Urkunde eine wichtige Rolle in der Entwicklung Hamburgs: Sie schufen die Grundlagen für den Aufschwung der Stadt. Adolf fuhr nach Regensburg - damals alles andere als ein Katzensprung -, wo Barbarossa gerade sein Kreuzzugsheer zusammenstellte, dem der Graf sich ohnehin anschließen wollte. Die kaiserliche Kanzlei stellte Adolf, so heißt es, noch vor dem Aufbruch zum 3. Kreuzzug ins Heilige Land eine Urkunde aus. Darin garantierte Barbarossa der Neugründung wichtige Privilegien, ohne die dem Vorhaben kaum Erfolg beschieden gewesen wäre: Zoll- und Handelsfreiheit sowie Fischereirechte. Diese Urkunde trägt das Datum des 7. Mai 1189 und befindet sich noch immer im Hamburger Staatsarchiv. Sie gilt gemeinhin als Gründungsurkunde des Hamburger Hafens - noch heute feiert der Stadtstaat alljährlich Anfang Mai den Hafengeburtstag mit einer großen Windjammerparade und einem Volksfest.

Die Urkunde erwies sich jedoch Jahrhunderte später als Fälschung. Als die Stadtväter Mitte des 13. Jahrhunderts den Elbzoll für die Hamburger Schiffe umgehen wollten, fälschten sie flugs die Urkunde, die es bisher allenfalls als Entwurf gegeben hatte. Sie benutzten dafür aber ein Siegel, das erst Kaiser Friedrich II., der Enkel Barbarossas, nach 1229 verwendet hat. Und auch Papier und Schrift stammen eindeutig nicht aus der Zeit Barbarossas. War das Dokument also irgendwann verloren gegangen und in späteren Jahren von der kaiserlichen Kanzlei noch einmal ausgestellt worden? Auch das kann nicht sein, denn die Handschrift der Urkunde lässt sich keinem der kaiserlichen Schreiber zuordnen, die alle bekannt sind. Dass es sich bei dem Dokument um eine Fälschung handelt, schließen erfahrene Historiker auch aus der Form der Urkunde: Das Papier ist viel zu hanseatisch nüchtern in der Sprache, und es enthält die Unterschriften zu weniger Zeugen, die in mittelalterlichen Urkunden den Wahrheitsgehalt bestätigen und deshalb in umso größerer Zahl aufgelistet werden, je wichtiger der schriftlich fixierte Vorgang war.

Ein Vortrag des Hamburger Stadthistorikers Heinrich Reincke, der 1907 darauf hinwies, dass Hamburgs berühmteste Urkunde eine Fälschung ist, durfte seinerzeit auf Veranlassung des Senats nicht gedruckt werden. Das wurde nach dem Zweiten Weltkrieg zwar verschämt nachgeholt, aber noch heute hören die stolzen Hanseaten nicht gerne, dass wichtige Urkunden aus der Geschichte Hamburgs Fälschungen sind. Aber Reincke räumte ein, dass es möglicherweise durchaus eine entsprechende Aktennotiz gegeben habe, die nach der Rückkehr vom Kreuzzug Grundlage einer offiziellen, kaiserlichen Urkunde werden sollte. Barbarossa aber starb noch auf dem Weg ins Heilige Land, als er Anfang Juni bei großer Hitze und nach dem Essen ein Bad im Fluss nahm. Man mag den findigen Hamburger Stadtvätern also zugute halten, dass sie im 13. Jahrhundert einen Vorgang zu Ende führten, dessen Abschluss durch den Kaiser selbst möglicherweise nur dessen vorzeitiger Tod verhindert hatte.

Österreich

Größte Fälschung des deutschen Mittelalters?

Als im Sommer des Jahres 1360 dem Kaiser ein heikles Dokument zur Bestätigung vorgelegt wurde, mag Karl IV. der Kragen geplatzt sein. Es ging um Österreich im Allgemeinen und Herzog Rudolf IV. im Besonderen. Der Habsburger Rudolf war immerhin sein Schwiegersohn und hatte einen Großteil seiner jungen Jahre am kaiserlichen Hof in Prag verbracht. Vom dortigen Glanz mag Rudolf einiges zu Kopf gestiegen sein - jedenfalls hatte der junge Mann große Ambitionen. Sogar als kaiserlicher Hoffnungsträger durfte er sich fühlen, so lange kein männlicher Stammhalter für Karls Nachfolge geboren war. Zeitgenossen attestierten ihm ein erstaunliches Selbstbewusstsein - und ein enormes Maß an Überheblichkeit.

Rudolfs Schwiegervater Karl IV. hatte 1356 in der berühmten Goldenen Bulle die Stellung der Kurfürsten und ihrer Territorien geregelt. Österreich besaß damals faktisch mehr Gewicht im Reich, als die althergebrachte Hierarchie dem Herzogtum zugestand. Nach dem Tod seines Vaters Albrecht wurde Rudolf im Sommer 1358 mit knapp neunzehn Jahren österreichischer Landesherr. Rudolf jedoch war nur ein Herzog, kein Kurfürst, und dass dieser Status der Bedeutung seines Landes nicht entsprach, muss ihn sehr gewurmt haben. Österreich bestand damals aus vier Teilherzogtümern, das Herrschaftsgebiet reichte im Norden bis weit über die Donau, im Süden bis an die heutige slowenische Adriaküste.

Rudolf versuchte umgehend, seine Vorstellungen von Österreichs verdienter Rolle umzusetzen, ohne dabei in der Wahl der Mittel allzu zimperlich zu sein. Er wollte wie ein König angesehen werden, also handelte er, als wäre er einer: Er stiftete die Wiener Stephanskirche, gründete die Rudolphina, die Wiener Universität, und verwies stolz auf die ruhmreiche Vergangenheit seines Landes und den Reliquienschatz, der in seiner Größe dem des Kaisers Konkurrenz machte. Überhaupt orientierte er sich an seinem Schwiegervater, dem Gründer der berühmten Prager Universität. Viele sahen in Rudolf einen Narren, der seine Rolle maßlos überschätzte.

Vielleicht wollte Rudolf aber nur das weiterführen, was bereits während seiner Kindheit begonnen worden war. Der Stauferkaiser Friedrich II. hatte sich nämlich schon 1245 bereit erklärt, Österreich zum Königtum zu erheben, aber das Vorhaben war an den Auseinandersetzungen Friedrichs mit dem Papst in Rom gescheitert.

Also versuchte Rudolf nur das zu holen, was ihm seiner festen Überzeugung nach ohnehin zustand. Aber er wählte keine kriegerischen Mittel, sondern beauftragte sehr geschickte Männer mit der sachkundigen Fälschung von Urkunden. Heute wird dieser Fälschungskomplex häufig als weitestreichende Fälschung des deutschen Mittelalters bezeichnet. In fünf Dokumenten legten die Schreiber nieder, dass Österreich in seinen Privilegien den Kurfürstentümern in nichts nachstehe und dem Reich gegenüber fast unabhängig sei. Diese Schriftstücke schrieb man den Kanzleien verschiedener Könige und Kaiser zu, und sie zitierten sogar angebliche Urkunden von Julius Caesar und Nero. Die Bemühung der antiken Kaiser brachte Rudolf denn auch prompt den Hohn und Spott seitens des Dichters Petrarca ein, der unglücklicherweise gerade beim Kaiser weilte, als die Dokumente eintrafen.

Die Fälschungen waren trotzdem sehr geschickt. Für die wichtigste Urkunde, das so genannte »Privilegium Maius«, erweiterte man eine echte Urkunde aus dem Jahr 1156. Damit hatte Kaiser Friedrich Barbarossa Österreich von Bayern abgetrennt und zum Herzogtum erhoben. Das Original wurde nach erfolgreicher Fälschungsarbeit vernichtet, sein Siegel bastelte man an die Fälschung.

Kaiser Karl platzte also der Kragen, als er die Urkunden als authentisch bestätigen und damit Österreichs Ansehen aufwerten sollte. Es kam zum Bruch zwischen den beiden. Rudolf verfolgte seine Mission trotzdem unermüdlich weiter, er nahm Titel für sich in Anspruch, die er nicht besaß, und legte sich eine Krone zu, die ihn dem Stil nach eigentlich als König auswies. Zu Lebzeiten schien Rudolf mit seinen Bemühungen um königliches Prestige wenig erfolgreich, wenn auch das Land unter seiner Regierung weiter aufblühte und er Tirol dazu erwerben konnte. Er starb bereits 1365, mit nur 25 Jahren.

Aber die weitere Geschichte Österreich hat dem dreisten, wenn auch an Tatsachen orientierten Streben Rudolfs Recht gegeben: 1442 bestätigte Kaiser Friedrich III. die gefälschten Urkunden, was Österreich endlich auch offiziell die Stellung zukommen ließ, die es faktisch seit langem innehatte. Dem Herrschergeschlecht der Habsburger leistete Rudolf also vor seiner Zeit einen großen Dienst, unabhängig davon, ob er überhaupt legitimes Mitglied der Familie war. Daran wurde nämlich schon zu Rudolfs Lebzeiten gezweifelt. Vielleicht rührten seine unbeirrten und hartnäckigen Bemühungen, Land und Familie einen Dienst zu erweisen, auch daher.

Johannes Gutenberg

Der »Mann des Jahrtausends«?

Lange Zeit waren Bücher ein kostbares und eher seltenes Gut. Einfache Menschen des Mittelalters dürften sie außerhalb der Kirche, in anderer Gestalt als der Bibel, kaum wahrgenommen haben. Lesen und schreiben konnten sie ohnehin nicht, daran hatte die Kirche auch wenig Interesse. Bücher waren »gottgefällige Objekte« und vor allem für den religiösen Gebrauch bestimmt. In den Klöstern arbeiteten Mönche emsig daran, Handschriften zu kopieren und mit kunstvollen Buchmalereien zu verschönern, um den Glanz der klostereigenen Bibliothek zu vermehren und so dem Ruhm Gottes zu dienen. Die Szene aus dem Film »Der Name der Rose«, in der Adson und sein Meister das erste Mal die Schreibstube eines berühmten Klosters betreten, ist so atmosphärisch wie glaubwürdig: Hier ist die Elite am Werk, die ihren Schatz des geschriebenen Wortes nicht mit jedermann teilen will.

Im Verlauf des Mittelalters wurde das Buch zunehmend auch zum Gebrauchsobjekt - schon durch die stetig zunehmende Zahl von Studenten in den aufkommenden Universitäten und dem damit steigenden Bedarf an Lehrbüchern. Man begann, für diese Zwecke das Kopieren von Büchern zu effektivieren, indem gefragte Bücher nicht mehr ausschließlich von Mönchen und nunmehr sozusagen im Akkord kopiert wurden - jetzt auch auf Papier. Schon im ausgehenden Mittelalter gab es in Paris am Ufer der Seine Buchhändler, die solche flugs hergestellten, meist notdürftig gebundenen Konvolute feilboten. Unter den Studenten, die sich dort mit Lesestoff eindeckten, gab es auch viele Deutsche. Gleichzeitig lernten immer mehr Menschen lesen, zunächst im städtischen Bürgertum.

Der Bedarf an Büchern stieg also weiter, und die Erfindung des Buchdrucks durch Johannes Gutenberg schlug ein wie eine Bombe. Nicht ohne Grund werden die Arbeit des Mainzer Erfinders und ihre Auswirkungen als Bedingung einer medialen Revolution gefeiert und gelegentlich mit der Erfindung des Computers verglichen. Und nicht unüberlegt setzen manche Historiker mit Gutenbergs Wirken den Beginn der Neuzeit an. Denn in der Tat war Gutenbergs Entwicklung bahnbrechend. Ohne den Buchdruck wäre das Lesen eine elitäre Angelegenheit geblieben, das Wissen hätte sich nicht derart verbreiten können und es hätte keine Zeitungen gegeben. Die »Demokratisierung des Wissens«, geistige Entwicklungen, Reformation, Revolutionen und vieles andere sind ohne die rasche Verbreitung von Ideen mittels Druckerzeugnissen nicht vorstellbar. Deshalb wählte das US-amerikanische »Time Life Magazine« den Mainzer Meister kurz vor Ende des 20. Jahrhunderts zum »Man of the Millennium«.

Der Titel »Erfinder des Buchdrucks« ist jedoch im strengen Sinn nicht zutreffend, und auch als Mann des Jahrtausends kann man Johannes Gutenberg nicht guten Gewissens bezeichnen. Gutenberg druckte nämlich nicht die ersten Bücher. Man hatte schon vorher mit dem Holzdruck experimentiert, aber es war anfangs billiger geblieben, emsige Mönche an ihren Pulten Seite um Seite mit der Hand abschreiben zu lassen. Das neue Verfahren war ungeheuer aufwändig und teuer, weil der gesamte Inhalt der Seite eines solchen »Blockbuches« in das Holz eingekerbt werden musste. Ein fertiger Block konnte dann zwar für beliebig viele Exemplare nur eines Buches verwendet werden - aber eben nur dieses einen Buches. Um ein Buch anderen Inhalts zu drucken, musste aufs Neue Buchstabe für Buchstabe neu geschnitzt werden. Gutenberg revolutionierte die Drucktechnik insofern, als er bewegliche Lettern benutzte. Für sein Repertoire fertigte er insgesamt 290 verschiedene Zeichen, die er immer wieder in neuer Kombination einsetzen konnte. So wurde die Buchherstellung billiger und schneller. Hinzu kam, dass das dafür notwendige Papier zu dieser Zeit in Europa verfügbarer wurde, eine wesentliche Bedingung für Gutenbergs Erfolg. Vor dem 14. Jahrhundert wurde fast ausschließlich Pergament, also Tierhaut, beschrieben, das sich aber nicht bedrucken lässt. In den Jahrzehnten nach dem ersten Bibeldruck (die berühmte »B 42«, die 42-zeilige Bibel) des Mainzer Patriziers wurde vor allem in Süddeutschland Stadt für Stadt Druckerei um Druckerei eröffnet und Papier bedruckt.

Und trotzdem: Gutenberg war nicht einmal der Erste, der mit beweglichen Lettern druckte. In China nutzte man seit dem 8. Jahrhundert die Holzschnitttechnik zum Drucken, seit dem 11. Jahrhundert gab es dort außerdem Tonlettern. Für die chinesische Sprache mit ihren vierzig- bis fünfzigtausend Zeichen waren bewegliche Lettern aber keine sonderlich hilfreiche Erfindung.

Mindestens zweihundert Jahre vor Gutenberg druckte man in Korea mit beweglichen Metalllettern. Die Auswirkungen dieser Erfindungen waren in Asien aber bei weitem nicht so groß wie in Europa. Gutenberg kommt das Verdienst zu, zur richtigen Zeit am richtigen Ort verschiedene Produktionselemente zusammengefasst und mit eigenen Erfindungen zu einem Verfahren entwickelt zu haben, das ökonomisch war, Aufsehen erregte und den Boden für die »erste Medienrevolution« bereitete.

Luthers Thesenanschlag

Das sicherste Datum der Kirchengeschichte?

Um die Mittagsstunde des 31. Oktober 1517, dem Sonnabend vor Allerheiligen, machte sich der Wittenberger Theologieprofessor und Augustiner-Eremit Martin Luther auf zur Schlosskirche. Sein Famulus Johannes Schneider begleitete ihn. Der Gang vom Schwarzen Kloster dauerte eine Viertelstunde, dann erreichte Luther die nördliche Eingangstür der Kirche. Mit wenigen Hammerschlägen befestigte er ein Papier am Portal, das die gesamte Kirche, ja das gesamte Abendland in kürzester Zeit in den Grundfesten erschüttern sollte: Die berühmten 95 Thesen, die das Ablasswesen der katholischen Kirche auf das Schärfste kritisierten.

Das Ablasswesen, mit dem bußbereiten Christen Sünden und Sündenstrafen im Jenseits erlassen werden konnten, war zu dieser Zeit regelrecht verkommen. Gierige Kirchenleute profitierten von der Angst der gutgläubigen einfachen Christen vor dem Fegefeuer. Um den sicheren Schrecken des Schmorens abzukürzen, bevor der paradiesische Himmel seine Pforten öffnete, kauften die Menschen Ablassbriefe. Jeder nach seinen finanziellen Möglichkeiten - und nach Selbsteinschätzung über die Schwere der angehäuften Schuld, also die mögliche Zeit, die das arme Seelchen dereinst im Fegefeuer würde verbringen müssen. Der sächsische Kurfürst beispielsweise hatte sich mit knapp 19 000 erworbenen Reliquien einen Ablass von fast zwei Millionen Jahren zusammengekauft. Seine Reliquien lagerten in eben dieser Wittenberger Schlosskirche, an deren Portal Luther seine Thesen schlug. Und dabei mit jedem Hammerschlag der Autorität Roms einen weiteren

Schlag versetzte - mit Auswirkungen, die vorerst niemand ermessen konnte, auch der gelehrte Doktor nicht.

Konkreter Anlass für Luthers Demonstration war aber nicht das verlotterte Ablasswesen an sich, sondern der so genannte Petersablass, mit dem der Papst den kostspieligen Bau der Peterskirche finanzieren wollte. Dabei ging es um eine regelrechte Abzockerei, bei der die Gläubigen sogar für lange verstorbene Angehörige, die mutmaßlich längst die Qualen des Fegefeuers erlitten, Ablassbriefe kaufen konnten. Das erzürnte Luther und andere sehr, denn damit entfiel eine wesentliche Bedingung für die Vergebung der Sünden: Die Reue, denn schließlich konnten die Toten sie ja nicht einmal heucheln. Außerdem war das Geschäft mit dem Petersablass wie ein großkapitalistisches Geldgeschäft organisiert: Der Hohenzollernabkömmling Albrecht, Erzbischof von Magdeburg, finanzierte mit den »Tantiemen« aus den Ablassgeldern und mit Hilfe der »Fugger-Bank« in Augsburg sein Vorhaben, auch noch Erzbischof von Mainz zu werden - ein Begehr, das sich der Papst ebenfalls vergolden ließ.

Das alles steigerte den Zorn von Martin Luther, Dozent einer gerade zwanzig Jahre alten Universität im »sächsischen Urwald«, wie Zeitgenossen spotteten. Und so begann die Reformation, die eine bis heute wirksame Spaltung der Kirche nach sich ziehen und Deutschland in mehr als einhundert Jahren und immer wiederkehrenden militärischen Auseinandersetzungen fast zerreißen sollte.

Ein Historiker hat einmal den 31. Oktober 1517 als »allergewissestes Datum der Geschichte der Kirche« bezeichnet. Noch heute feiert die evangelische Kirche den 31. Oktober als Reformationstag. Bis 1957 hat auch niemand an dem Datum gezweifelt. Besonders im 18. Jahrhundert haben sich zahlreiche Künstler des Motivs angenommen, das Magister Luther bei seiner folgenreichen Tätigkeit am Nordtor der Wittenberger Schlosskirche zeigt.

1957 aber trat ein Kirchenhistoriker eine Lawine los, als er die an sich bereits skandalträchtige Frage stellte, ob denn Luther seine Thesen auch wirklich an jenem Tag an die Kirche genagelt habe. Aus diesem Datumsstreit aber, der für die

Feiertagsregelung protestantischer Länder immerhin nicht unwesentlich ist, entwickelte sich rasch ein viel grundlegenderer Gelehrtenstreit, mit dem sich bald sogar der hoch seriöse Historikertag befasste: Hat Martin Luther seine Thesen wirklich mit eigener Hand an die Tür der Wittenberger Schlosskirche genagelt? Noch heute gehen die Meinungen auseinander, was denn nun tatsächlich im Herbst 1517 geschehen ist.

Für die Feiern zum Reformationstag ist diese Frage nicht ganz so bedeutsam, wie es zunächst scheint, denn unzweifelhaft bleibt, dass Luther seine 95 Thesen am 31. Oktober an den Erzbischof von Magdeburg und seinen Landesherrn, den sächsischen Kurfürsten, geschickt hat. Dies war sozusagen der amtliche Dienstweg - und deshalb kann dieser Tag in jedem Fall seine Gültigkeit als Startschuss für die Reformation behalten. Aber auch das Anbringen der Thesen ans Kirchenportal war ein nahe liegendes und damals gebräuchliches Mittel der Publikation - wie heute am schwarzen Brett oder gut verlinkt im Internet: Jeder kam daran vorbei und konnte lesen - jedenfalls wenn er Latein verstand. Die Thesen richteten sich schließlich an lateinkundige Theologen und Kirchenmänner, von denen es in der Universitätsstadt genügend gab.

Nur gibt es keinerlei Beweis dafür, dass Luther diesen Akt der Veröffentlichung so vollzogen hat. Jahrhundertelang saßen die Historiker einer Überlieferung auf, die sich inzwischen als unglaubwürdig erwiesen hat. Luther selbst hat nämlich nie davon berichtet, wie er mit dem Hammer und einem prekären Dokument in der Hand zur Kirche lief. Der Gelehrte Melanchthon berichtet zwar davon, allerdings in einem Bericht, der von falschen Informationen nur so strotzt. Und der Augenzeuge, der treue Famulus Johannes Schneider? Er soll die Episode bestätigt haben, aber das entsprechende Dokument wurde lange Zeit falsch gelesen - mittelalterliche Handschriften sind mitunter schwer zu entziffern. Hinzu kommt, dass Luthers Aussagen über den Beginn der Reformation den überlieferten Abläufen eindeutig widersprechen, denn er hat später versichert, den Dienstweg eingehalten und den Adressaten seiner Klage Gelegenheit gegeben zu haben, sich zu verhalten - er hat ihnen also Zeit gegeben, um sich mit den Vorwürfen auseinander zu setzen. Genau diese Zeit hätte ihnen gefehlt, wenn die Kritik an der kirchlichen Ablasspraxis schon von aller Welt zu lesen gewesen wäre, noch bevor sie den eigentlichen Adressaten vorlag.

Die Zeugnisse über den Thesenanschlag an der Wittenberger Schlosskirche stammen allesamt aus der Zeit nach Luthers Tod. Zeitgenössische Belege dafür gibt es nicht. Daher spricht alles dafür, dass die Nachwelt das so vielsagende wie einprägsame Bild des entschlossen hämmernden Luther bereitwillig und gutgläubig für bare Münze genommen hat. Aber auch heute noch ist dieses Bild so beliebt, dass Historiker wie Protestanten erregt reagieren, wenn man den Wahrheitsgehalt der Überlieferung in Frage stellt. In den Sechzigerjahren begann ein regelrechter Historikerstreit über diesen angeblich sichersten Fakt der Kirchengeschichte. Viele Autoren ignorieren die Forschungslage auch heute noch, damit sie an der lieb gewordenen Vorstellung des großen Reformators, der den Nagel ins Holz der Kirchentür schlägt, nicht rütteln müssen.

Kaffee

Wo wurde zuerst geschlürft?

Als die Türken 1683 Wien belagerten, führten sie nicht nur Waffen und den nötigsten Proviant mit sich, sondern auch säckeweise Kaffee. In der arabischen Welt war das Getränk längst zum beliebten Genussmittel aufgestiegen, dessen belebende Eigenschaften man schätzte. Und als die türkischen Truppen die Belagerung abbrachen und überstürzt abzogen, ließen sie außer Waffen auch Dutzende Säcke voller den Einheimischen unbekannter gelber Bohnen zurück - ungerösteter Kaffee. Die Wiener hielten den Inhalt für Kamelfutter und begannen, die Säcke zu verbrennen. Ein kundiger Mensch jedoch, der Übersetzer Franz-Georg Kolschitzky, kam zufällig des Weges und roch den verführerischen Duft der jetzt teilweise gerösteten Kaffeebohnen. Er wusste, welche Kostbarkeit da dem Scheiterhaufen übergeben worden war, denn er hatte den Orient bereist. Kolschitzky schritt energisch ein, verhinderte die Brandschatzung - und ermöglichte dem »Türkentrank« seinen Siegeszug durch die Alte Welt. Schon bald darauf eröffnete er das erste Wiener Kaffeehaus. Es hieß »Zur blauen Flasche«, lag nahe des Doms, und machte erst die Wiener und anschließend ganz Europa mit dem »Wein des Islam« bekannt.

Diese Legende ist so hübsch wie einprägsam, was zu ihrer Verbreitung beigetragen haben dürfte. Und schließlich ist die Wiener Kaffeehauskultur ein fester Begriff der Kultur- und Gastronomiegeschichte - warum also sollte es sich nicht so zugetragen haben, wie die Legende berichtet? Nun, das Café »Zur blauen Flasche« hat es tatsächlich gegeben. Der Rest dieser Geschichte dürfte aber ebenso erfunden sein wie die vielen

Eine elegante Dame beim Frühstück,
Stich aus dem 18. Jahrhundert

anderen Legenden, die rund um die Welt über den Kaffee, seine Entdeckung und seine Verbreitung erzählt werden.

Wien kann auch nicht für sich in Anspruch nehmen, das erste Kaffeehaus Europas beherbergt zu haben. Der Siegeszug des Cafés in Europa begann bereits 1647 in Venedig, begünstigt durch die Handelsbeziehungen der Lagunenstadt zum Orient. Aber auch andere Städte besaßen vor Wien Kaffeehäuser: London, Paris, Marseille, Amsterdam ... Selbst das erste Kaffeehaus des deutschsprachigen Raumes stand nach dem aktuellen Stand der Forschung nicht in Wien. Erstaunlich, aber der früheste Nachweis für ein solches Etablissement führt nach Bremen, wo der Niederländer Jan Jantz van Huesden bereits 1673 vom Stadtrat die Erlaubnis erhielt, eine Kaffeeschänke zu eröffnen.

Zunächst gelang es den Kaffeehäusern nicht, das neuartige Getränk nachhaltig bekannt zu machen. Die Sitte, Kaffee zu trinken, entwickelte sich außerdem von oben nach unten auf der sozialen Leiter. In Paris beispielsweise wurde es 1669 *tout chic*, Kaffee zu trinken. Als Jahrzehnte früher Kaufleute aus Marseille die braune Bohne an die Seine gebracht hatten, hatte sich kaum jemand interessiert für das bittere Getränk, das man daraus zubereitete. Man blieb lieber bei der süßen Schokolade. Als aber der Gesandte des Osmanischen Reiches die französische Hauptstadt mit einem längeren Besuch beehrte, gaben die feinen Kreise ihre noble Zurückhaltung auf. Denn Suleiman Aga inszenierte den Kaffeegenuss auf vollendet vornehme Weise. Der orientalische Prunk wurde durch ihn zur Pariser Mode, und dazu gehörte nun einmal Kaffee. Vielleicht verhalf dem neuen Heißgetränk auch zum Durchbruch, dass der muslimische Edelmann den zierlichen Tässchen eine große Zuckerdose hinterherreichte.

Zurück nach Deutschland: Weder Bremen noch das fünf Jahre später eröffnete Hamburger Kaffeehaus verhalfen dort dem Kaffee zum Durchbruch. Erst als das Leipziger Bürgertum Gefallen an der braunen Bohne fand und daraus eine lokale Mode machte, begann die Verbreitung des Kaffees in Nord- und Mitteldeutschland. Nach Süddeutschland kam der Kaffee aber in der Tat aus Wien, und zwar auf der Route Regensburg-Nürnberg-Würzburg-Stuttgart. Und auch das Verdienst, dem neuen Getränk eine eigene Kultur zu geben, die Kaffeehauskultur mit ihren verschiedenen Sorten und dem Café als Ort der Muße, des Gesprächs und des kreativen Rückzugs, wird man Österreich nicht streitig machen können.

Friedrich der Grosse

Substanzlose Anekdoten?

Kronprinz Friedrich war seinem Vater ein Gräuel. Auch wenn der König ihn auf seine verschrobene Art irgendwie geliebt hat - er gehörte zu der Sorte hilflos polternder ungeschlachter Familienvater, der seinen Kindern und seiner Frau das Leben ausgesprochen schwer machte. Die Ehe war zerrüttet, und der Sohn wurde zum Spielball im Ehekrieg. So sehr Friedrich Wilhelm I., König in Preußen, das Soldatisch-Strenge, das Einfache liebte, so sehr vergötterte sein ältester Sohn das feingeistige Frankreich und dessen Sprache, die ihm geläufiger war als das rohe Deutsch. Der Soldatenkönig zwang dem sensiblen Kind einen Tagesablauf auf, der eher einem Zuchthaus als einer Kaserne entsprach, ganz zu schweigen von dem, was ein europäischer Prinz erwarten konnte. Das konnte auf Dauer nicht gut gehen, zumal beide denselben Dickkopf besaßen.

So kam es zu Friedrichs verzweifelter Flucht 1730, an deren Ende er mit seinem Freund, Leutnant Katte, das gelobte Land Frankreich zu erreichen hoffte. Der Coup misslang, die beiden wurden nicht weit von der Grenze gefasst und in Küstrin in eine Festung gesperrt. Im Prozess erklärten sich die Richter für das Schicksal des Kronprinzen nicht zuständig; den Helfer Katte verurteilten sie zu lebenslanger Haft. Der unberechenbare König raste, er witterte ein riesiges Komplott gegen sich. Offenbar erwog er ernsthaft, den eigenen Sohn hinrichten zu lassen, was er sich aber schon aus außenpolitischen Gründen verkneifen musste.

Die europäischen Fürstenhäuser hielten nämlich den Atem an, sie ersuchten den preußischen König, keine unbedachten

Grausamkeiten zu verüben. Die Flucht hatte dem Kronprinzen überall in Europa große Sympathien eingebracht, und alles wartete nun gespannt auf den nächsten Akt im großen Vater-Sohn-Drama.

Dem zuweilen paranoiden »Soldatenkönig« traute man alles zu. Schließlich hatte er beim ersten Verhör des Prinzen nach der vereitelten Flucht nur mit Mühe davon abgehalten werden können, den bereits gezückten Degen gegen den eigenen Sohn und Thronfolger zu richten. Das hatte sich natürlich schnell herumgesprochen. Der König verschonte den Prinzen, aber er befahl die Hinrichtung Kattes und zwang Friedrich, dem Freund beim Sterben zuzusehen.

Die Geschichte hat in der Folge die Schilderung des Berichtes für den König übernommen und die Ohnmacht Friedrichs angesichts der Hinrichtung Kattes, kurz bevor der treue Freund für den Prinz sein Leben lassen musste, detailliert beschrieben. Und so zeigen es auch die Bilder, die dieses Ereignis darstellen. Aber Historiker wie Maler sind vertrauensselig einem Irrtum aufgesessen. Diese Schilderung ist nämlich offensichtlich nicht ganz wahrheitsgetreu verfasst worden, um den Erwartungen des unnachsichtigen Vaters zu entsprechen. Die Maßgaben extrem strenger Haft wurden in Küstrin vielmehr so erfolgreich unterlaufen, dass der Prinz seiner Schwester sogar schreiben konnte, es gehe ihm eigentlich ganz gut. Ebenso wurde offenbar ein weiterer grausamer Befehl des Königs umgangen: Friedrich blieb der Anblick des sterbenden Freundes erspart, wenn auch nicht das dauernde Trauma seiner Jugend. Aus dem Fenster seiner Zelle hätte er die Hinrichtung auch unmöglich sehen können, wie es die Berichte der Nachwelt gerne nahe legen.

Es gibt noch eine weitere Episode aus dem Leben Friedrichs des Großen, die weithin bekannt ist. Noch heute kann man im Potsdamer Schlosspark von Sanssouci eine Windmühle sehen. Sie erinnert an eine Begebenheit, die in den Anekdotensammlungen über den Alten Fritz ihren festen Platz bekommen hat. Danach störte den königlichen Häuslebauer Friedrich bei der Gestaltung des Parks eine auf dem erwählten Gelände stehende Windmühle. Er ließ den Müller zu sich rufen und bot diesem an, auf eigene Kosten an anderer Stelle eine neue Mühle bauen zu lassen und eine großzügige Entschädigung zu zahlen, wenn der Mann seinen alten Besitz aufgebe. Der Müller lehnte jedoch ab, weil die Mühle alter Familienbesitz war und er sie später einmal an seine Kinder weitergeben wollte. Daraufhin wies Friedrich ihn verärgert zurecht, dass er, immerhin König, die Mühle auch ohne jede Entschädigung niederreißen lassen könne. Der Müller antwortete: »Ja, Eure Majestät. Wenn das Kammergericht in Berlin nicht wäre!« Woraufhin der König sprachlos schwieg und die Mühle stehen blieb. So weit diese Anekdote, die illustrieren soll, dass es im Preußen des großen Friedrich so rechtsstaatlich zuging, dass sich ein Müller vor den Launen seines Herrschers nicht fürchtete - und dass dieser den Willen und das Recht des kleinen Mannes anerkannte.

So schön diese kleine Geschichte auch ist - auch sie entspricht nicht der Wahrheit. Tatsächlich nämlich wollte Friedrich die Mühle gar nicht abreißen lassen, sondern sie in der im ländlich-romantisierenden Stil geplanten, englischen Parkanlage als authentischen Blickfang erhalten. Dafür gewährte der König dem Müller sogar Steuerfreiheit, und er durfte seiner Arbeit in königlicher Gesellschaft nachgehen.

Soldatenhandel

»Menschenschacher für Blutgeld«?

Der hessische Landgraf Friedrich II. (1760–1785) schloss am 15. Januar 1776 einen Vertrag mit dem englischen König Georg III., der für viele wehrfähige Männer seines kleinen Landes ernsthafte Folgen nach sich zog. Denn Friedrich verlieh in den kommenden Jahren insgesamt knapp 17 000 Soldaten an die englische Krone – für den Einsatz im Krieg gegen die nach Unabhängigkeit strebenden nordamerikanischen Kolonien und zum Preis von jährlich 45 000 Kronen. Den Engländern fehlte es an Männern für den aufwändigen Kampf gegen die abtrünnigen überseeischen Provinzen. Zahlreiche Soldaten fanden dort den Tod – Amerikaner, Engländer, Hessen, später auch Franzosen und Spanier, die allerdings auf der Seite der Kolonien kämpften. Bald nachdem der hessisch-englische Vertrag unterzeichnet und die ersten Landeskinder in den Kampf geschickt worden waren, geriet ein Brief an die Öffentlichkeit, der für große Empörung sorgte – und noch heute die menschenverachtende Haltung und egoistische Geldgier absolutistischer Landesfürsten vortrefflich auszudrücken scheint.

In diesem Brief beklagt sich der Landgraf von Hessen-Kassel bei seinem Adressaten, dass in der Schlacht von Trenton 1776 zu wenige der deutschen Soldaten gefallen seien. Nur tote Soldaten waren in der Logik des Absenders gute Soldaten, denn sie brachten mehr Geld als verwundete oder gar unversehrte Soldaten. Er sei höchst unzufrieden mit seinem Feldkommandeur Baron Hohendorff, so der Brief weiter. Die zynische Haltung, die sich in diesem Brief ausdrückt, fand rasch Eingang in die Literatur: in Schillers »Kabale und Liebe« von

1782, einer leidenschaftlichen Kriegserklärung gegen das absolute Fürstentum generell. Und noch heute gilt der so genannte »Urias-Brief« des hessischen Landgrafen weithin als Synonym für die Auswüchse des Absolutismus. Selbst das verehrte Vorbild des hessischen Fürsten äußerte sich ausgesprochen negativ über die Bemühungen des Namensvetters, seine Finanzen zu sanieren: Der Landgraf verkaufe seine Untertanen wie Schlachtvieh, befand Friedrich der Große von Preußen.

Allerdings ist dieser Brief, der rasch zu zweifelhafter Berühmtheit gelangte, eine dreiste Fälschung. Er ist die vortrefflich inszenierte und ungeheuer wirkungsvolle Propaganda-Aktion eines Unbekannten gegen den verhassten Landesfürsten – und vor allem gegen die Unterstützung des englischen Krieges, der die nach Unabhängigkeit strebenden nordamerikanischen Provinzen bändigen sollte. Befreundeten Mächten für Geld eigene Truppen zur Verfügung zu stellen, war damals unter den deutschen Fürsten durchaus gängige Praxis. Die Kritik bezog sich aber vor allem auf den Kampf gegen die in Europa überaus populäre Revolution der Amerikaner. In der Sache entsprach die Arbeit des Fälschers also durchaus weiten Teilen der öffentlichen Meinung. Insbesondere die geistigen Größen der Zeit kritisierten die Art des »Soldatenhandels«, darunter Schiller, Herder und Kant. Sie bezeichneten die Geldgier der deutschen Fürsten, also nicht nur des hessischen Landgrafen, als widerwärtig.

In der Tat bezahlte England einen fürstlichen Lohn für die hessische Unterstützung. Aber das Geschäft wurde für den Landgrafen nicht besser, je mehr Landeskinder über die Klinge springen mussten. Im Gegenteil – je länger der Einsatz, desto lukrativer war das Söldnerheer für Landgraf Friedrich. Das Geld kam außerdem nicht nur der landgräflichen Privatschatulle zugute, sondern auch den kämpfenden Soldaten und der allgemeinen Landeskasse. Und die füllte sich zusehends, je länger der Krieg dauerte, der anfangs nur als kleinere Operation angelegt war. Landgraf Friedrich sanierte den vorher maroden Haushalt und baute weiter an seiner prachtvollen Residenzstadt Kassel. Dass in der Folge Hessen zu einem der wohlhabendsten deutschen Länder wurde, war auch für die hessische Landesbevölkerung von Vorteil: Dadurch sanken nämlich die Steuern. Den gefallenen Soldaten nutzte dies allerdings nichts mehr.

Ludwig II. von Bayern

Märchen oder Alptraum?

Kaum ein deutscher Monarch ist noch heute so populär wie Ludwig II. von Bayern. Von seinen Landsleuten wird er zärtlich-vereinnahmend »Kini« genannt, der Rest der Welt kennt ihn vornehmlich als den »Märchenkönig«. Der Freistaat Bayern verdankt dem Wittelsbacher jährlich ansehnliche Einnahmen aus dem Tourismus, denn die seinerzeit ruinöse Bauwut des Königs ist heute, als beliebtes Reiseziel von Touristen aus aller Welt, eine höchst einträgliche Hinterlassenschaft. Zu seinen Lebzeiten war die bayrische Regierung weniger zufrieden mit dem König. Er brachte den Erfordernissen des politischen Geschäfts kaum Verständnis entgegen und machte vor allem dem Staatsbudget erhebliche Schwierigkeiten mit seinen immer neuen Bauprojekten, die Millionen verschlangen.

Wie aber steht es in Wirklichkeit um den Mythos des volksnahen und die schönen Künste fördernden Märchenkönigs, von seinem Volk verehrt und geliebt, von seinen Ministern betrogen und in den Tod getrieben, von seiner Familie und schließlich auch den engsten Vertrauten im Stich gelassen? Was ist dran an der immer wieder erwogenen Möglichkeit, Ludwig sei 1886 nicht freiwillig in den Starnberger See gelaufen um zu sterben, sondern vielmehr kaltblütig ermordet worden? An der diagnostizierten Geisteskrankheit, der Rechtfertigung für die Entmündigung des Königs und die Einsetzung des Onkels Luitpold als Prinzregenten? Hatte das Kabinett die Ärzte aus reiner Geldnot veranlasst, dem kunstsinnigen Monarchen Geisteskrankheit zu attestieren?

Obwohl Ludwig zu Lebzeiten sehr viel weniger beliebt war

als heute angenommen, bildete sich nach seinem Tod 1886 rasch eine Stimmung zu seinen Gunsten, und es blühten Gerüchte auf, er habe gar keinen Selbstmord begangen, sondern sei beispielsweise erschossen worden, um eine geplante Flucht zu verhindern. Allerdings weist nichts auf ernsthafte Fluchtabsichten Ludwigs hin. Vielmehr zeigt sich gerade in Ludwigs letzten Tagen seine ausgesprochene Entscheidungsunfähigkeit. Als Festsetzung und Entmachtung sich bereits abzeichneten, standen ihm zwei Wege offen, die seine weitere Entwicklung möglicherweise noch in eine andere Richtung geführt hätten. Reichskanzler Bismarck riet Ludwig, nach München zu fahren und sich dem Volk zu zeigen. Ein solcher Auftritt des notorisch menschenscheuen Monarchen hätte Entschlossenheit vermittelt und es den bayrischen Ministern schwerer gemacht, Ludwig als krank und regierungsunfähig abzusetzen.

Sein getreuer Flügeladjutant Graf Dürckheim-Montmartin dagegen riet ihm zur Flucht. Aber seine Unentschlossenheit hielt den König ab, überhaupt etwas zu unternehmen. Nur zu einem Selbstmordversuch konnte er sich, wenn auch wiederum halbherzig, noch aufraffen: Noch auf Hohenschwanstein verlangte der König nämlich nach dem Schlüssel für den Schlossturm, wohl um sich von dort in die tiefe Pöllatschlucht zu stürzen. Die Diener verhinderten sein Vorhaben mit fadenscheinigen Ausreden über den Verbleib des Schlüssels. Und Ludwig bestand nicht weiter auf der Angelegenheit. Seinem Frisör aber soll er gesagt haben, er müsse am nächsten Tag seinen Kopf in der Schlucht suchen, wenn er seine Arbeit machen wolle.

So ließ sich Ludwig nach einigem Hin und Her widerstandslos in einer verschlossenen Kutsche in das Schloss Berg am Starnberger See bringen, wo man schon eifrig dabei war, aus der Residenz ein Gefängnis zu machen. Ludwig schien sich in sein Schicksal zu fügen oder es zumindest vorzugeben, als er am Pfingstsonntag mit seinem Arzt Dr. Gudden am See spazieren ging. Als die beiden aber am Abend noch nicht zurückgekehrt waren und eine hastige Suche eingeleitet wurde, fand man, unweit des Ufers im Wasser treibend, die Leichen der beiden Herren.

Suizidgedanken hatte Ludwig seit langem, wie seine Tagebücher belegen, und vieles spricht dafür, dass er angesichts der ausweglosen Lage nach wenigen Tagen im königlichen Irrenhaus Schloss Berg den Freitod im Starnberger See einem auf unabsehbare Zeit entwürdigenden Dasein vorzog. Dessen ungeachtet zogen findige Zeitgenossen bereits verschiedene Umstände als Beweise für einen angeblichen Mord heran. Für diesen gab es allerdings kein rechtes Motiv, die bayrische Regierung hatte den unliebsamen Monarchen ja bereits politisch beseitigt, also bedurfte es keiner Leiche mehr. Die angeführten Hinweise können zwar im Sinne einer Mordthese ausgelegt werden, widerlegen aber auch nicht die Diagnose des Selbstmords. Indizien, die ausschließlich mit dem Tatbestand von Mord erklärt werden können, gibt es andererseits keine.

Viel Raum für Spekulationen und Mythenbildung bietet auch die Ferndiagnose Dr. von Guddens, der dem König Geisteskrankheit attestierte, bevor er seinen Patienten überhaupt gesehen hatte. Die beiden Männer trafen anlässlich der Festnahme des Königs auf der Burg Hohenschwanstein erstmals aufeinander. Zweifellos war diese Diagnose politisch motiviert, weil sich die Regierung des problematischen, allzu kostspieligen Königs auf einigermaßen elegante Weise entledigen wollte. Anlass zu weiteren Spekulationen bietet außerdem die Tatsache, dass bis heute Unterlagen über die Affäre Ludwig II. unter Verschluss gehalten werden. Aber auch neuere Diagnosen über den Gesundheitszustand des »Märchenkönigs« gehen von einer schweren psychischen Erkrankung aus, die auch der pathologische Befund der königlichen Leiche diagnostiziert. Über die genaue Natur der Erkrankung gehen die Meinungen allerdings auseinander: Spätfolgen einer Syphilis, angeborene Schizophrenie oder schleichende Vergiftung infolge übermäßigen Genusses von giftigem Absinth werden in Betracht gezogen.

Selbst mit der vermeintlichen Kunstsinnigkeit Ludwigs ist es nicht sonderlich weit her. Der Titel gebührt eher seinem Großvater Ludwig I., der München zu einer über Bayern hinaus leuchtenden, klassizistischen Residenzstadt machte. Ludwig ließ verspielt-romantisierend bauen, seine Architektur bleibt hinter Stil und Können der Zeit weit zurück. Und abgesehen von seiner Begeisterung für Richard Wagners Musik schwärmte Ludwig für mittelmäßige Theaterstücke ohne Tiefgang und gab miserable Musikstücke in Auftrag.

Das Leben des »Märchenkönigs« entspricht also kaum der populären Auffassung. Ein neuerer Biograf urteilt, erst in der Legende des »Märchenkönigs« habe Ludwigs Leben eine Eindeutigkeit erhalten, die es vorher nicht gehabt hatte: Zerrissen im Inneren, zerrieben zwischen äußeren Bedingungen muss Ludwig II. sein Leben wohl mehr als einen Alptraum denn als Märchen wahrgenommen haben.

Siegfried Marcus

Wer war der Vater des Automobils?

In der Schule lernen Kinder, dass ein gewisser Herr Otto den deshalb nach ihm benannten Otto-Viertaktmotor erfunden hat und mit Carl Benz, Gottfried Daimler und Wilhelm Maybach zu den Pionieren der Automobilindustrie gehört. Sein Viertaktmotor steckt noch heute unter der Haube fast aller Autos. Aber war Otto wirklich der Erste? Trägt der Otto-Motor seinen Namen zu Recht? Warum wurde dann jahrzehntelang ein anderer verdienstvoller Ingenieur dieser Zeit totgeschwiegen? War dieser vielleicht der Erste gewesen, der ein funktionstüchtiges Auto konstruierte?

Der mecklenburgische Erfinder Siegfried Marcus (1831-1889) absolvierte zunächst in Berlin eine Schlosserlehre, bevor er nach Wien ging. 1860 gründete er eine eigene »Fabrik mechanischer und physikalischer Instrumente« und entwickelte im Laufe der Jahre 180 Erfindungen. Schon seit den frühen 1860er Jahren arbeitete er an Automobilen, zunächst mit Zweitakt-Benzinmotor, später konstruierte er ein Gefährt mit Viertaktmotor. Dieser so genannte »Marcuswagen« existiert noch heute - im Wiener Technischen Museum. Auf einer Ausstellung prangte 1898 an seinem Gefährt: »Construiert 1877 in Wien«.

Warum aber wird Siegfried Marcus aus Malchin bis heute bei der Aufzählung der Ingenieure und Erfinder, die sich um die Entwicklung des Automobils verdient gemacht haben, meist vergessen?

Siegfried Marcus war nicht nur Deutscher, sondern auch Jude. Deshalb wurde sein Name während des Nationalsozialismus aus Lexika wie Museen entfernt. Die Verdienste deutscher Juden für ihr Land wurden systematisch totgeschwiegen. Ein Brief aus dem Jahr 1940 vom Reichsministerium für Volksaufklärung und Propaganda an die Daimler-Benz AG belegt, dass die deutsche Regierung die Überlieferung der Technikgeschichte aus propagandistischen Zwecken retuschierte. Wörtlich steht da: »Das Bibliographische Institut und der Verlag F. A. Brockhaus sind darauf hingewiesen worden, dass in ›Meyers Konversations Lexikon‹ und im ›Großen Brockhaus‹ künftig nicht Siegfried Marcus, sondern die beiden deutschen (!) Ingenieure Gottlieb Daimler und Carl Benz als Schöpfer des modernen Kraftwagens zu bezeichnen sind.« Entsprechende Anweisungen waren bereits 1936 erteilt worden.

Auch nach dem Krieg dauerte es lange, bis Siegfried Marcus wieder in die Technikgeschichte Einzug hielt. Ins Allgemeinwissen jedenfalls hat er es bis heute nicht geschafft, und der Otto-Motor wurde auch nicht in »Marcus-Motor« umbenannt. Dass seine Rehabilitation so halbherzig betrieben wurde, galt vielen als Beweis dafür, dass er der eigentliche Erfinder des Automobils war. Was stimmt nun?

Fest steht, dass Marcus im Unterschied zu seinen schwäbischen Konkurrenten keine industrielle Fertigung des Automobils verfolgte - vermutlich aus finanziellen Gründen. Seine Unterstützer aber bestehen weiterhin darauf, er habe das erste funktionierende Automobil gebaut, ihm gebühre daher vor Otto, Daimler, Benz und Maybach der Titel als Vater des Automobils und des Viertaktmotors. Die Nazis hätten verhindert - und die Macht der großen Autokonzerne führe dies noch heute erfolgreich weiter -, dass Marcus der verdiente Ruhm zuerkannt werde. Auch diese Diskussion wurde wie andere mit sehr viele Emotionen geführt. Mal reklamierte man das Automobil als österreichische Erfindung. Mal verherrlichte man den unermüdlichen, selbstlosen Ingenieur Marcus, dem ein mächtiger Autokonzern seine Verdienste erfolgreich streitig machen konnte. Oder man sah den Erfinder als ewiges Opfer - dem der Nationalsozialismus seinen Ruhm unrechtmäßig aberkannte, den er aber auch nach 1945 nicht mehr zugestanden bekam.

Natürlich lässt die Nachhaltigkeit, mit der die Nationalsozialisten den Namen Marcus' aus dem kulturellen Gedächtnis zu tilgen versuchten, den Schluss zu, man habe den »Ariern« unverdienten Ruhm zuschanzen wollen. Aber neuere Forschungen haben zweifelsfrei ergeben, dass der Marcuswagen aus dem Jahr 1888 stammt - und dass das Schild mit dem Datum 1877 also nicht der Wahrheit entsprach. Als Geburtsjahr des Automobils gilt daher weiterhin zu Recht das Jahr 1886, als im Südwesten Deutschlands das erste Auto mit Ottos Viertaktmotor durch die Gegend knatterte.

Trotzdem gehört Siegfried Marcus zu den großen Pionieren des Automobilbaus und ist in einer Reihe mit den Erfindern Carl Benz, Gottfried Daimler, Nikolaus August Otto und Wilhelm Maybach zu nennen. Das ist in der Technikgeschichte heute unumstritten. Er hat als Erster ein mit Benzinmotor angetriebenes Gefährt konstruiert und die magnetelektrische Zündung entwickelt.

Graf Zeppelin

»Narr vom Bodensee« oder Genie?

Mit der Erfindung der Heißluftballone durch die Brüder Montgolfier begann 1783 die Ära der Luftfahrt, und ein alter Menschheitstraum ging in Erfüllung: Der »Ozean der Luft« wurde schiffbar gemacht. Doch die Ballone hatten einen entscheidenden Nachteil: Sie waren auf Wind angewiesen, um voranzukommen - und darauf, dass der Wind aus der gewünschten Richtung blies. Die logische Weiterentwicklung war das Luftschiff, vom Prinzip her zunächst nichts anderes als eine Art manövrierfähiger Ballon.

Mit dieser noch heute faszinierenden Erfindung, die wie eine gigantische Zigarre majestätisch durch die Lüfte glitt, wird meist sofort der württembergische Ferdinand Graf von Zeppelin in Verbindung gebracht. Sein Name wurde zum Begriff für die zunächst erfolgreiche, später durch schwere Unfälle diskreditierte Form der Luftfahrt. Erst in den letzten Jahren hat der Zeppelin jenseits des vergangenen Mythos wieder von sich reden gemacht - als eine brandenburgische Firma sich wieder mit der industriellen Fertigung von Luftschiffen befasste.

Die Jungfernfahrt des ersten Luftschiffes des süddeutschen Unternehmers gilt als Start für die Ära der Zeppeline: Anfang Juli des Jahres 1900 erlebte eine staunende Menge Schaulustiger, wie sich der »LZ 1« in die Lüfte erhob. Zwar ging nicht alles reibungslos vonstatten, und die erste Fahrt dauerte nur achtzehn Minuten. Trotzdem berichtete der mitreisende Schriftsteller Eugen Wolf: »Majestätisch, von jeder Fessel ledig, entschwebte das Luftschiff. Tausendstimmige Hurras ertönten an den Ufern, alle Augen folgten dem Flug des Ballons, der erst langsam die Richtung nach Süden nahm.«

Die Skepsis war allerdings erheblich, und der Visionär wurde zunächst als »Narr vom Bodensee« verhöhnt. Aber der Graf, ein älterer, ehemaliger Kavalleriegeneral, glaubte unbeirrbar an den Erfolg und investierte einen erheblichen Teil seines Vermögens in seine Herzensangelegenheit. Und schließlich wurden die Zeppeline erfolgreich: Sowohl in der zivilen Luftschifffahrt als auch in der militärischen Nutzung: Im Ersten Weltkrieg flogen Zeppeline Luftangriffe gegen europäische Großstädte und eröffneten damit das Zeitalter des Luftkrieges. Polarforscher brachten die »Kolosse der Lüfte« sogar in die Arktis. Selbst als Flugzeuge den Himmel eroberten, schien es zunächst, als würden die Luftschiffe konkurrenzfähig bleiben - jedenfalls für die großen Distanzen zwischen den Kontinenten.

Zehntausende Passagiere trugen die Zeppeline des Grafen in die Welt. Doch ihre Schattenseite war bedenklich: Bei aller Begeisterung waren viele Unfälle mit Toten zu beklagen. Einer dieser Unfälle leitete dann den Niedergang der Luftschifffahrt ein: 1937 erreichte die »Hindenburg« das amerikanische Lakehurst. Weil Kamerateams der Wochenschauen bereitstanden, um den Stolz der deutschen Luftschiffflotte bei seiner Ankunft in New Jersey zu filmen, konnten Zuschauer in aller Welt die Katastrophe später mit eigenen Augen sehen: 35 Menschen starben, nachdem der Luftriese bei seinem Landemanöver Feuer gefangen hatte und vor den Augen der entsetzten Weltöffentlichkeit verbrannte. Bei vorangegangenen Unfällen, vor allem in den Zwanzigerjahren, waren zwar mehr Menschen umgekommen, aber diese von den Medien begleitete Katastrophe bedeutete das Ende für die Zeppeline. 1940 wurden die letzten Luftschiffe dieser Ära verschrottet.

Die Katastrophe von Lakehurst erlebte Graf Zeppelin nicht mehr, er war schon 1917 gestorben. Trotz aller beachtlichen Verdienste um die technische Entwicklung der Zeppeline gebührt ihm aber nicht der Status des Erfinders des Luftschiffes. Das eigentliche erste Luftschiff war nämlich ein Gasballon, der mit einem dampfbetriebenen Propeller gesteuert werden konnte. 1852 schickte der Franzose Henri Giffard dieses Gefährt in die Luft. Sein Landsleute Charles Renard und Arthur Krebs erprobten 1884 erfolgreich einen Propellerballon mit dem ersten elektrischen Antrieb. Das erste Luftschiff mit Benzinmotor steuerte der junge Brasilianer Alberto Santos-Dumont 1898, mithin noch zwei Jahre vor der Jungfernfahrt über dem Bodensee. Diese frühen Luftschiffe waren unstarr, sie waren also nicht viel mehr als lenkbare Ballone.

Graf Zeppelin hat das Luftschiff also nicht erfunden - aber er hat eine wesentliche technische Neuerung umgesetzt: Er konstruierte ein Luftschiff mit einem festen Gerippe, das mit seiner starren Form eine höhere Sicherheit bietet als seine Vorgänger und erheblich mehr Gas aufnehmen kann. Die Konstruktion vieler Traggaszellen im Inneren trug ebenfalls zur Sicherheit bei.

Aber selbst mit dieser technische Weiterentwicklung eines starren Gerippes hatte schon der Ungar David Schwarz vor Zeppelin experimentiert. Allerdings kam sein Luftschiff nicht über seine Jungfernfahrt hinaus: Nach einer Bruchlandung auf dem Gelände des heutigen Berliner Flughafens Tempelhof wurde es verschrottet. Graf Zeppelin aber war der Mann, der mit viel Ausdauer, Beharrlichkeit und technischem Geschick den Luftschiffen zu einer heute legendären, wenn auch kurzen Blütezeit verhalf.

Der Hauptmann von Köpenick

Gescheitert oder ausgesorgt?

Neunzig Minuten brauchte der frisch entlassene Zuchthäusler, um ganz Berlin beziehungsweise das ganze Reich zum Narren zu halten. Aber noch Wochen nach dem 16. Oktober 1906 machten sich die Zeitungen über jenen Zwischenfall lustig, den der Dramatiker Zuckmayer später für sein wohl bekanntestes Stück verwendete. In einer berühmten Verfilmung spielte Heinz Rühmann den tollkühnen Verkleidungskünstler, und auch der späte Harald Juhnke brillierte in dieser Rolle.

Was war geschehen, dass selbst der Kaiser schmunzeln musste, als man ihm von dem unerhörten Vorgang Bericht erstattete? »Das macht uns keiner nach!«, kommentierte Kaiser Wilhelm II. ironisch, während sich andere nicht zu Unrecht darüber aufregten, wie viel man mit einer Uniform anfangen konnte, die vom Trödler stammte. Insgesamt 2500 Reichsmark wurden auf die Ergreifung des Mannes ausgesetzt, der das preußische Militär so genarrt hatte. Man vermutete einen ehemaligen Offizier, jedenfalls einen Angehörigen der gehobenen Schichten.

Es war aber nur ein ganz einfacher Mann namens Wilhelm Voigt, der die Affäre ausgeheckt und durchgeführt hatte - und er war nie Soldat gewesen. Wie ein Schauspieler hatte er die Rolle tagelang geprobt, war mit der Uniform auf die Straße gegangen und hatte sich bei den zahlreichen Offizieren, die damals die Straßen Berlins bevölkerten, Verhaltensweisen und Gesten abgeschaut. Dann hatte er die soeben abgelöste Wache der Militärschwimmanstalt Plötzensee im Norden Berlins abgefangen und kraft seiner Autorität, die ihm die Offiziersuniform verlieh, seinem Kommando untergeordnet. Er habe einen besonderen Auftrag, erklärte er nur, rekrutierte unterwegs noch einen weiteren Trupp und fuhr mit den Kerls in der Stadtbahn nach Köpenick, das damals noch nicht zu Berlin gehörte.

Am dortigen Bahnhof ließ er die zehn Männer zu Mittag essen, anschließend begann die dreiste Aktion: Voigt ließ die Soldaten zum Rathaus marschieren und das Gebäude umstellen, woraufhin er selbst den Oberstadtsekretär und den Bürgermeister gefangen nahm. Er beschlagnahmte die Rathauskasse, unterschrieb eine Quittung dafür, veranlasste, was mit den Gefangenen zu geschehen hatte, und machte sich aus dem Staub. Mit seiner ruhigen, bestimmten Art hatte der notorische Gauner die gesamte Belegschaft des Rathauses höchst erfolgreich zum Narren gehalten, unterstützt durch sein Gefolge: ahnungslose Füsiliere und Grenadiere, die es vor allem gewohnt waren, Befehle zu befolgen. Dass sie es in diesem Fall mit einem einfachen Schuster zu tun hatten, der aus schwierigen Verhältnissen stammend schon früh auf die schiefe Bahn geraten war und die Hälfte seines bisherigen Lebens hinter Gittern verbracht hatte, hätten sie sich nicht träumen lassen. Welch ein Blamage, als dann die Wahrheit ans Licht kam!

Schon nach ein paar Tagen kam die Polizei auf die Spur des vermeintlichen Hauptmanns. Er wurde beim Frühstück festgenommen, man ließ ihn großzügig zu Ende essen und brachte ihn dann zum Verhör ins Berliner Polizeipräsidium am Alexanderplatz. Seine Vernehmung verlief völlig anders als alles, was der häufige Gefängnisgast gewohnt war. Man lachte, respektierte ihn, kurzum: Er hatte den Status eines Gentleman-Verbrechers. Nachdem die allgemeine Entrüstung der Öffentlichkeit zunächst groß gewesen war, schlug die Stimmung nun zugunsten des alten Mannes um, der plötzlich als »liebenswerter Gauner« die Presse beherrschte.

Man machte dem Schuhmacher den Prozess. Voigt gestand alles. Seine Vergangenheit wurde vor Gericht ausgebreitet, Voigt schien ein ewiger Verlierer zu sein. Er wurde für seine kriminelle Maskerade zu vier Jahren Gefängnis verurteilt. Das Strafmaß blieb damit unter der von der Anklage geforderten Strafe.

Ein Teil der Legende des »Hauptmanns von Köpenick« ist die Rolle des ewigen Verlierers. Zuckmayer zeichnete Voigt in seinem Stück als Märtyrer. In Wirklichkeit war der Verwandlungskünstler mit seiner Posse auf Dauer ungeheuer populär und beliebt geworden, eine reiche Dame setzt ihm sogar eine Leibrente aus, damit er nicht mehr auf die schiefe Bahn gerate. Nachdem er weniger als die Hälfte seiner Strafe verbüßt hatte, wurde der inzwischen 59-Jährige von Kaiser Wilhelm II. begnadigt.

Und nun begann das neue Leben des »Wilhelm Voigt, genannt Hauptmann von Köpenick«. So unterschrieb er Postkarten, die sich in rauen Mengen verkauften. Der Schuster wurde zum Star des ausklingenden Kaiserreichs, verursachte Aufsehen, wohin er ging. Er trat in Gasthäusern in ganz Deutschland auf und gab seine Geschichte zum Besten. Zunächst standen die strengen Behörden dem Treiben des pensionierten Gauners noch sehr skeptisch gegenüber, aber das legte sich allmählich. Man erkannte, dass der alte Mann harmlos war und mit seiner militär-folkloristischen Darbietung dem Geschmack der Leute entsprach und so in der Lage war, sich einen schönen Lebensabend zu machen. 1909 veröffentlichte Wilhelm Voigt seine Memoiren, in denen er seine Tat nachträglich noch ein bisschen verharmloste: Um die Rathauskasse sei es ihm gar nicht gegangen, die hätte man ihm sozusagen aufgedrängt. Er habe nur ordnungsgemäße Papiere haben wollen - eben das, was man ihm die meiste Zeit seines Lebens verweigert hatte und was es ihm unmöglich gemacht hatte, eine »ordentliche Existenz« aufzubauen. Ein paar Jahre später kaufte der wilhelminische Star in Luxemburg ein Haus und setzte sich zur Ruhe, wohltuend gepolstert von seinem doch noch rechtschaffen erworbenen Kapital. Er starb 1922.

Dolchstosslegende

»... in den Rücken der siegreichen Armee«?

Seit dem Sommer 1918 konnte in Deutschland kaum jemand mehr die Hoffnung aufrechterhalten, den Krieg doch noch zu gewinnen. Die Märzoffensive war gescheitert. Als dann am 8. August alliierte Truppen erfolgreich die Front durchbrachen, setzte sich auch im Heer die Einsicht durch, dass an der Niederlage nicht mehr zu rütteln war. Das Vertrauen in die militärische Führung schwand, und mit ihr die Moral der Truppe.

In Deutschland selbst hatte sich die politische Atmosphäre spätestens seit der Russischen Revolution zunehmend aufgeheizt. Als dann am 7. November in München und zwei Tage später in Berlin revolutionäre Kämpfe ausbrachen, der Kaiser abdankte und Scheidemann die Republik ausrief, stand das Kriegsende unmittelbar bevor. Der neu berufene Reichskanzler Ebert sandte eine Delegation zu Waffenstillstandsverhandlungen. Die nachfolgenden Friedensregelungen brachten Bedingungen, die Deutschland wirtschaftlich, politisch und psychologisch tief trafen.

In einer Gemengelage aus tief verletztem Stolz und reaktionärer Haltung, die mit der ausgerufenen Republik nichts anzufangen wusste, wurden in konservativen Kreisen sehr bald Vorwürfe laut: Die Revolution, die ausgebrochen war, als die Armee noch im Felde stand, sei ihr mit zersetzender Wirkung in den Rücken gefallen und habe sie sozusagen hinterrücks erdolcht. Der Sieg sei schließlich zum Greifen nah gewesen und hätte noch erlangt werden können, wären die Soldaten nicht demoralisiert worden, hätte die Heimat ihnen nicht die Unterstützung entzogen. Führende Militärs verbreiteten die Losung vom deutschen Heer, das »im Felde unbesiegt« geblieben war. Sogar der sozialdemokratische Reichskanzler begrüßte heimkehrende Soldaten am Brandenburger Tor mit den Worten: »Kein Feind hat euch überwunden!«

Und selbst gemäßigte Politiker verurteilten die Revolution, weil sie die Niederlage verschärft und damit die deutsche Verhandlungsposition empfindlich geschwächt habe. Dies entsprach auch einer verbreiteten Ansicht im Ausland.

Einem Land, das von seiner Größe überzeugt gewesen war und nun mit einer Niederlage zurechtkommen musste, die beispielsweise in der erdrückenden Reparationslast empfindlich zu spüren war, musste die Vorstellung eines feigen Dolchstoßes, an verwundbarer Stelle beigebracht, wie ein rettender Strohhalm im Strudel des nationalen Unterganges erscheinen. Gleiches gilt für die irrige Annahme, der Krieg sei Deutschland aufgezwungen worden und die Kriegsschuldregelung des Versailler Friedensvertrages entbehre deshalb jeder Berechtigung. Attraktiv war dieses Bild vom erdolchten Sieg natürlich auch wegen seiner Möglichkeit zur Anknüpfung an den damals sehr populären Siegfried-Mythos – vom drachenblutgestählten Helden, der sein Leben verliert, weil der Dolchstoß ihn an der einzigen Stelle trifft, die das Blut nicht gepanzert hat (vgl. S. 18 ff.). Worte wie »Novemberverbrecher« oder »Wehrkraftzersetzung« machten die Runde.

Erstmals verwendet wurde der Begriff des verhängnisvollen, hinterrücks gegen das eigene Heer ausgeführten Todesstoßes Anfang November 1918, noch vor dem Ausbruch der Revolution. In den folgenden Monaten wurde das Bild des Dolchstoßes immer wieder beschworen, auch in der ausländischen Presse. Es begleitet die Zeit bis zur Unterzeichnung des Versailler Friedensvertrages, ohne zu diesem Zeitpunkt die öffentliche Diskussion bereits zu bestimmen. Im Herbst 1919 zitierte dann ein Reichstagsabgeordneter das Wort eines englischen Generals über den Speer, mit dem Hagen Siegfried von hinten erdolcht habe. Kurz danach bezog sich General Hindenburg darauf. Von da an trat der Begriff des tückischen »Dolchstoßes« seine Karriere als Propagandainstrument an.

Dieser Befund über die Gründe der als schmachvoll empfundenen Niederlage sprach vielen aus der Seele. Als spontane Reaktion und zeitgenössische, unreflektierte Wahrnehmung ist dies auch durchaus nachvollziehbar und verständlich. Begünstigt wurde seine Verbreitung durch die beständig wiederholten Lobpreisungen der zurückkehrenden Soldaten, kein Feind habe sie geschlagen. Wenn aber das Heer nicht besiegt war, so der logisch erscheinende, fatale Schluss, musste die Heimat schuldig sein an der qualvollen Niederlage - und dort die linken Kräfte, die ihr Land so schmählich im Stich gelassen hatten.

Bald wurde der Begriff in Wahlkampfparolen auf breiter Ebene politisch benutzt und als Trost missbraucht, als billige Entschuldigung oder in der politischen Agitation. Auch die Nationalsozialisten bedienten sich seiner Suggestionskraft, was sich am besten an Hitlers Rundfunkrede nach dem missglückten Attentat vom 20. Juli 1944 dokumentiert. Er hetzte gegen die Verschwörer, die glaubten, »wie im Jahre 1918 den Dolchstoß in den Rücken führen zu können«.

So verständlich der Griff nach einem Strohhalm auch ist, der Wunsch nach einfachen, rettenden Erklärungen für komplexere Zusammenhänge, so falsch ist die Vorstellung, die Revolution habe die Niederlage verschuldet. Als im Reich die ersten Unruhen ausbrachen, war der Sieg der alliierten Kräfte längst eine bloße Frage der Zeit. Bei allen militärischen Einzelerfolgen des deutschen Heeres war in der Gesamtsumme der Sieg nicht mehr zu erlangen. Letztlich gilt das Fazit von Generalleutnant Lequis, der im Dezember 1918 nüchtern konstatierte: »Gesiegt haben wir in allen Himmelsrichtungen, aber den Krieg haben wir verloren.«

Die Protokolle der Weisen von Zion

Belege für eine Weltverschwörung?

Viele Lügen und perfide Legenden wurden über das Judentum und die jüdische Religion in die Welt gesetzt, seitdem sich das Christentum etablieren konnte. Die für das 20. Jahrhundert wohl wichtigste antisemitische Fälschung erschien in Deutschland im Frühjahr 1920 und brachte es rasch zu höchst zweifelhaftem Ansehen: Bereits ein Jahr später verweist Adolf Hitler darauf, und 1922 beruft sich ein Angeklagter im Prozess um den Mord am deutschen Außenminister Rathenau auf das Pamphlet: »Die Protokolle der Weisen von Zion«, angebliche Mitschriften von Gesprächen, in denen intellektuelle Führer des Judentums davon sprechen, die Welt unter die Herrschaft einer jüdischen Geheimorganisation zu zwingen. Sie begründen den Mythos von der jüdischen Weltverschwörung, der bis heute ein maßgeblicher Teil des Antisemitismus ist.

Die Veröffentlichung von 1920 geht auf ein russisches Pamphlet aus dem Jahr 1870 zurück - aus Kreisen so genannter *pogromschtschiki*, angeheuerte und berufsmäßige Anstifter, die zwischen 1880 und 1920 im zaristischen Russland zahlreiche Pogrome gegen die jüdische Bevölkerung initiierten. Zumeist nutzten sie dafür die seit dem Mittelalter benutzte Lüge vom jüdischen Ritualmord, um die nichtjüdische Bevölkerung gegen ihre Nachbarn aufzuhetzen (vgl. S. 53 ff.). Nun aber trat ein neues, verstärkendes Element hinzu: die angebliche jüdische Weltverschwörung.

Als Hitler in Deutschland an die Macht kam, hatte die deutsche Ausgabe der »Protokolle« schon 33 Auflagen hinter sich. Bereits seit den Anfängen der NSDAP und bis zu ihrem Ende

1945 waren sie Teil der Nazipropaganda und unterstützten die Partei dabei, ihre Wahlergebnisse zu verbessern. Im berüchtigten »Völkischen Beobachter« konnte man ständig über sie lesen, und in »Mein Kampf« beschwor Hitler ihre Authentizität. Mit der Wahnvorstellung einer jüdischen Weltverschwörung ließ sich alles rechtfertigen: Machtergreifung, Krieg, Völkermord, Konzentrationslager.

Der Begriff »Fälschung« ist auf die »Protokolle« eigentlich nicht anwendbar, denn sie sind reine Fiktion. Schon 1921 wies die Londoner »Times« höchst überzeugend nach, dass die »Protokolle der Weisen von Zion« jeder Grundlage entbehren. Sie protokollierten angeblich die Gespräche von 300 jüdischen Teilnehmern des 1. Zionistischen Weltkongresses, der 1897 in Basel stattfand. Jedoch lässt sich belegen, dass die »Protokolle« auf viel ältere Texte zurückgehen, aus denen ein Plagiator abgeschrieben hat. Beweise dafür verwahrt noch heute die Pariser Bibliothèque Nationale.

Aber das hemmte die verhängnisvolle Karriere der »Protokolle der Weisen von Zion« kein bisschen. Im politischen Krisenherd des vorrevolutionären Russland waren sie ebenso wirkungsvoll wie in der krisengeschüttelten Weimarer Republik. Sogar gelehrte Zeitgenossen hielten sie für echt. Selbst heute noch findet man im Internet unter dem entsprechenden Suchwort auch Hetzschriften, die weiter auf ihrer Authentizität bestehen. Ebenso unbelehrbar berufen sich Kreise fanatischer islamischer Fundamentalisten weiterhin auf dieses haarsträubende Machwerk.

Die Goldenen Zwanziger

»Die wundervollsten Jahre Deutschlands«?

Amüsement und Dekadenz, Revueglanz und Theaterglitter, Ufa und Wintergarten bestimmen noch heute das Bild von den Zwanzigerjahren. Nach dem Ersten Weltkrieg, der niederschmetternden Niederlage und dem Ende der Monarchie brachen wieder vergnüglichere Zeiten an: Die Weimarer Republik befreite die Deutschen vom Korsett des spaßlosen Kaiserreichs, lehrte sie, sich hemmungslos zu amüsieren und das Leben zu genießen. Damals saß die gesamte künstlerische Avantgarde in Berlin, ganz Deutschland schaute stolz auf diese Stadt, die keine Ruhe kannte und von der ganzen Welt für ihre Vitalität und ihre produktive Unruhe bewundert wurde. Selbst ein kluger Mann wie der Dichter Gottfried Benn, der eher zu schonungslosen künstlerischen Analysen neigte denn zur Schönfärberei, bezeichnete die Zeit zwischen 1918 und 1933 nach dem Zweiten Weltkrieg als »die wundervollsten Jahre Deutschlands und Berlins, seine Pariser Jahre, voll von Talenten und Kunst - es kommt nicht wieder.« Die Weimarer Republik - sie steht für Bubikopf und bewegte Bilder, für den blauen Engel und den gelben Bananenrock Josephine Bakers. Dadaismus und Bauhaus revolutionierten Kunst und Gestaltung, das kommunistische Sowjetreich und der ungebändigte Kapitalismus der Vereinigten Staaten strahlten aus auf Dynamik und Glanz der Hauptstadt Berlin. Dort lockten den Besucher ungeahnte Möglichkeiten, alle Facetten des Lasters zu erleben, Nächte mit Shimmy und Charleston durchzutanzen oder in den Lichtspieltheatern die neuen »Tonfilm-Operetten« zu sehen, Vorläufer der Musicalfilme.

Josephine Baker bei einm Berliner Gastspiel im Jahr 1927.

Aber diese Vorstellung ist zu großen Teilen ein Mythos, und Gottfried Benn muss sich, in der rückblickend verklärenden Perspektive des Alters, höchst selektiv erinnert haben. Der Mythos der »Goldenen Zwanziger« entstand schon bald nach dem Ende der Weimarer Republik und wird noch heute meistens mit ihr gleichgesetzt. Das liegt auch an der Kürze dieser Zwischenzeit, nachdem man sich von der Kaiserzeit ab- und bevor man sich der rückschrittlichen Periode des Nationalsozialismus zuwandte. Oft wurden diese Jahre als ein Tanz auf dem Vulkan bezeichnet, eine Art verzweifelter Vergnügungssucht vor dem Hintergrund nahenden Unheils. Aber mit diesem Tanz vergnügte sich nur ein Teil der Gesellschaft, der weitaus größere hatte genug damit zu tun, das Leben einigermaßen zu meistern.

Es waren eher die Intellektuellen und Künstler, die nach 1933 Deutschland verließen und die Kunde vom *Weimar spirit* in die Welt trugen. Sie waren sozusagen Geburtshelfer dieses Mythos. Diese späteren Emigranten bildeten zwischen 1918 und 1933 aber eine Minderheit. Und es war eigentlich auch nicht der in Weimar beheimatete Geist der deutschen Klassik, der der jungen Republik ihren Namen gegeben hatte: Die Verfassung war nur deshalb in der verschlafenen Provinzstadt ausgearbeitet worden, weil Berlin ein politisch zu unsicheres Pflaster war.

Wenn überhaupt, kann man allenfalls die Jahre zwischen 1924 und 1929 unter diesen wohlklingenden Begriff fassen. Vorher und nachher waren die wirtschaftlichen Probleme und die politischen Spannungen in Deutschland zu groß und kaum zu übersehen. Jeder war davon betroffen. Da war die schmachvolle Niederlage, sie allein bedeutete schon ein verhängnisvolles Erbe für eine junge Republik. Zudem übertraf die Anzahl der Gegner der Weimarer Republik ihre Befürworter - und bald auch deren Einfluss. Die Reparationslast war erdrückend, Deutschland außenpolitisch geradezu verfemt. Das Ruhrgebiet, Stolz der deutschen Stahlindustrie, stand als Faustpfand unter fremder Verwaltung. Die Gebietsverluste, die der demütigende Versailler Friedensvertrag durchgesetzt hatte, waren schmerzhaft. Mit einem Satz: Die Stimmung im Land war mies. Ihren Höhepunkt erreichte diese Dauerkrise mit der Inflation 1923, die den Menschen Hunger brachte - und den Verlust ihrer Ersparnisse.

Mit der wirtschaftlichen und außenpolitischen Konsolidierung seit 1924 ging es dann aufwärts, aber schon die Weltwirtschaftskrise 1929 erschütterte die Republik erneut in ihren jungen Grundfesten. Sie sollte sich nicht mehr erholen. Die Arbeitslosigkeit stieg in Schwindel erregende Höhen, die politischen Extreme bekämpften sich erbittert, das Elend wuchs - bis 1933 schon wieder eine neue Zeit begann.

Deshalb beklagte der bundesdeutsche Nachkriegspräsident Theodor Heuss in seinen Erinnerungen zu Recht, dass die Zwanzigerjahre zu einem goldenen Mythos verklärt wurden. Sie waren schillernd, gewiss, aber ihr Gold war nur eine Farbe der Palette. Die düsteren Farben aber waren es, die das Bild bestimmten.

Reichstagsbrand

Wer hat gezündelt?

Als am Abend des 27. Februar 1933 der Berliner Reichstag brannte, nur vier Wochen nach Hitlers Machtergreifung und wenige Tage vor den Reichstagswahlen am 5. März, kam vielen Beobachtern im In- und Ausland als Erstes in den Sinn, die Nationalsozialisten als Urheber zu verdächtigen. Der Schriftsteller Klaus Mann schrieb tags darauf in sein Tagebuch: »Dieser Brand kommt denen so unheimlich gelegen - ob sie ihn nicht selbst bereitet haben?« Er meinte die Nationalsozialisten, denen er alles zutraute, sehr zu Recht, wie sich bald bewahrheiten sollte. So vorzüglich konnte die NSDAP diesen Brandanschlag für ihre Zwecke nutzen, dass das Nächstliegende war, sie auch gleich dafür verantwortlich zu machen.

Noch im Reichstagsgebäude jedoch wurde Marinus van der Lubbe verhaftet, ein junger, idealistischer Niederländer, der keinen Widerstand leistete und zu Protokoll gab, den Brand eigenhändig und alleine gelegt zu haben. Van der Lubbe stand den Kommunisten nahe und wollte mit diesem wie vorangegangenen, mehr oder weniger fehlgeschlagenen Anschlägen auf Behördengebäude und das Berliner Stadtschloss die deutsche Arbeiterschaft aus ihrer Lethargie reißen und zum Aufstand anstacheln. Das gab er jedenfalls zu Protokoll. Wie aber hatte es dem stark sehbehinderten Wirrkopf gelingen können, in den Reichstag zu kommen und mit einer Packung Haushalts-Kohlenanzünder in kürzester Zeit ein Großfeuer zu legen? Immerhin brannte der Plenarsaal vollständig aus, und aufgrund der Hitzeentwicklung barst die Glasdecke in der damaligen Kuppel des Gebäudes.

Vorbereitet oder nicht, Hitler und Göring reagierten prompt. Verhaftungswellen wurden umgehend eingeleitet, Kommunisten überall festgenommen. In der Presse wurde van der Lubbe als »holländischer Kommunist« bezeichnet. Noch am 28. Februar erging eine Notverordnung »Zum Schutz von Volk und Staat«, die als »Reichstagsbranderlass« den Behörden weit gehende Kompetenzen einräumte und eine Art zivilen Ausnahmezustand herbeiführte. Aufgrund seiner Bedeutung für die Gleichschaltung des Landes und die Konsolidierung der Macht der NSDAP wird dieser Erlass gelegentlich und nicht sehr glücklich als »Grundgesetz des Dritten Reiches« bezeichnet.

Die deutsche Öffentlichkeit reagierte so gespalten wie sie damals war: Man fürchtete entweder die Nazis oder die Kommunisten. Und da kaum vorstellbar war, dass ein unbedeutender kleiner Einzeltäter voll verquerer Gedanken und noch dazu halb blind, einen Anschlag von historischer Dimension zu verantworten hatte, vermutete man ein Komplott. Dass der Reichstagsbrand weit reichende Folgen haben würde, lag schon damals auf der Hand.

Die Nationalsozialisten behaupteten, van der Lubbe sei von Kommunisten beauftragt worden. Noch am Tatort hatte Reichstagspräsident Göring behauptet: »Ohne jeden Zweifel ist dies das Werk der Kommunisten.« In einem national wie international Aufsehen erregenden Prozess wurde der junge Holländer bald darauf zum Tode verurteilt. Hintermänner wurden nicht gefasst, das Gericht sah es jedoch als erwiesen an, dass Lubbe nicht als Einzeltäter gehandelt hatte. Das klägliche Bild, das der junge holländische Wandergeselle auf der Anklagebank abgab, schien ihn nicht gerade als Einzeltäter auszuweisen. Die Möglichkeit, es könnten nationalsozialistische Provokateure gewesen sein, schloss das Gericht ausdrücklich aus. Dafür fehle die notwendige verbrecherische Gesinnung.

Für die Nationalsozialisten war der Reichstagsbrand von unschätzbarem Wert. Zwar war Hitler seit dem 30. Januar Reichskanzler, aber noch konnte keine Rede davon sein, dass die Diktatur fest im Sattel saß. Der Anschlag ließ sich hervorragend nutzen, um die Macht weiter zu konsolidieren und auch propagandistisch erfolgreich gegen die Kommunisten zu arbeiten. Und die Propagandaschlacht begann umgehend: Denn die Kommunisten warfen ihrerseits den Nationalsozialisten vor, hinter den Anschlägen zu stecken. Der längst erbittert geführte Wahlkampf wurde jetzt mit noch härteren Bandagen ausgefochten.

Aber nicht nur die Zeitgenossen beschäftigte die Frage, wer den Brand wirklich gelegt hatte. Seit Kriegsende befassten sich Generationen von Historikern mit dieser Frage. Zum einen, weil der Brand ein bedeutsames Element der nationalsozialistischen Herrschaft und ihrer Machtsicherung ist. Zum anderen aber auch, weil Reichstagsbrand, der nachfolgende Prozess und der legendäre Reichstagsbranderlass ein schillerndes Kapitel der Geschichte des 20. Jahrhunderts sind - auch wenn es in sehr düsteren Farben schillert.

Spätestens seit den Sechzigerjahren hat sich die Debatte um den oder die Feuerteufel in Ton wie Mitteln verschärft: Ein Buch, das mit gewichtigen Argumenten die Alleintäter-These vertritt, wird bis heute von vielen angefeindet. Als um die Jahreswende 1959/60 der Autor seine Ergebnisse in einer Serie des Hamburger »Spiegel« der Öffentlichkeit präsentierte, ging ein Aufschrei durchs Land. An der Entrüstung lässt sich ablesen, welchen Stellenwert der Reichstagsbrand im Geschichtsbewusstsein der deutschen Öffentlichkeit einnahm. Die schwierige und schmerzhafte Aufarbeitung der jüngsten Vergangenheit hatte eine leidlich bequeme Sicht auf die NS-Zeit hervorgebracht: Hitler und seine Männer als das personifizierte Böse marschierten planvoll und unbeirrt in Richtung totalitärer Diktatur, nichts konnte sie aufhalten, auch nicht das deutsche Volk. Der Reichstagsbrand verkörpert diese bequeme Sicht der sozusagen unausweichlichen Diktatur. Sie aufzugeben, kam einer Zumutung gleich. Denn wenn die NSDAP ihre Macht auch Ereignissen verdankte, die sie zwar kaltblütig ausnutzte, nicht aber verschuldet hatte, dann warf das ein etwas anderes Licht auf die dunkelste Periode der deutschen Vergangenheit.

Die Wogen schlugen hoch. »Die Zeit« veröffentlichte Artikel, die der Alleintäter-These widersprachen und den Vorwurf der »Reinwaschung« der Nationalsozialisten erhoben. Bis heute werden immer wieder aufs Neue publizistische Scharmützel um den Reichstagsbrand ausgetragen.

Vor allem ein Komitee mit großen Namen im Briefkopf verficht seit Jahrzehnten energisch die These, nach der die Nationalsozialisten hinter dem Anschlag steckten. Abgesehen davon, dass niemand so sehr davon profitiert habe wie sie, sprächen auch diverse Indizien dafür: Ein Wirrkopf als Einzeltäter sei in diesem Fall kaum vorstellbar, jemand habe ihn in das Gebäude schmuggeln und ihm beim Anzünden helfen müssen, denn im Gebäude standen diverse Brandherde innerhalb kürzester Zeit lichterloh in Flammen. Auch die Tatsache, dass die Nazis so schnell und wirkungsvoll auf den Brand reagierten, lasse darauf schließen, dass sie ihre Finger im Spiel hatten. Der »Reichstagsbranderlass« ermöglichte dem Staat, ohne Anklage und Beweise Verhaftungen vorzunehmen, Wohnungen zu durchsuchen und das Postgeheimnis außer Kraft zu setzen. Daneben vereinfachte der Erlass die Ausübung strenger Zensur erheblich.

Das Ende der Sechzigerjahre ins Leben gerufene »Luxemburger Komitee« ging gegen die, wie es polemisch zuspitzte, »Gestapo-Legende« vom Einzeltäter energisch vor, ohne dabei in der Wahl der Mittel allzu zimperlich zu sein. Es weigerte sich jedoch lange, jene Dokumente zur Prüfung vorzulegen, mit denen es seine These beweisen wollte. Ende der Siebzigerjahre schließlich konnten die vorgeblichen Beweise eingesehen und teilweise als grobe Fälschung entlarvt werden. Damit machte das Komitee sich und seine Argumentation natürlich nicht glaubwürdiger. Die »Luxemburger« warfen ihren Gegnern aber weiterhin medienwirksam vor, die Nationalsozialisten durch ihre These nachträglich zu legitimieren, ein Argument, das um Objektivität bemühte Historiker kaum nachvollziehen können. Immerhin geht es in der Geschichtsforschung vor allem anderen darum, herauszufinden, »wie es wirklich gewesen«. Aber der Vorwurf einer »Nazi-Unschuldslegende« verfehlte seine Wirkung nicht.

Mit dem Ende der DDR sind abermals Dokumente aufgetaucht, die aus Moskau nach Ostberlin gelangt waren und nun mit großem Interesse von den Verfechtern der jeweiligen Urheberschaftsthesen darauf untersucht wurden, ob sie der eigenen Sache dienen. Wieder gibt es unterschiedliche Interpretationen der Beweislage, wieder bleiben Widersprüche, wieder lässt sich nicht mit völliger Sicherheit klären, wer für den Brand verantwortlich war.

Bei dem Streit geht es längst nicht mehr nur um den oder die Brandstifter, sondern um ein Element der nationalsozialistischen Herrschaft. Hat die NSDAP ihren Weg an die absolute Macht Schritt um Schritt sorgfältig geplant und ausgeführt oder kamen ihr im Falle des Reichstagsbrandes die Umstände zupass? Die Geschichte hat gezeigt, dass Diktaturen nie ausschließlich aus eigener Kraft entstehen, sie verdanken ihre Existenz immer auch den Umständen. Vergleicht man den Streit um den Reichstagsbrand mit einem anderen »Historikerstreit«, dann wird deutlich, dass sich auch Historiker mit einer absoluten, bestehenden Überzeugung vom Ideal der objektiven Rekonstruktion der Vergangenheit weit entfernen können. Eine ähnlich verbissene Debatte fand in Frankreich vor einigen Jahren um den »Mythos der Résistance« statt, aufgeknüpft an der Frage, wie aufrecht das französische Volk der deutschen Besatzung widerstand. Auch in dem Fall verließen manche Historiker schnell den Boden gesicherter Erkenntnisse zugunsten subjektiver, lieb gewonnener Überzeugungen.

Führt man aber die Kontroverse um den Reichstagsbrand auf eben diese gesicherten Erkenntnisse zurück, ergibt sich folgendes Bild: Dass Marinus van der Lubbe den Reichstag angezündet hat, ist eine Tatsache. Dass er nicht alleine gehandelt hat, lässt sich ebenso wenig nachweisen wie die Vermutung, er sei unwissentlich von einem Brandkommando der NSDAP unterstützt worden. Es mag möglich sein, dass durch den berühmten früheren Tunnel zwischen Reichspräsidentenpalais und Reichstag Nazi-Brandstifter heimlich Brandmittel legten, um van der Lubbe die Arbeit zu erleichtern, aber dafür gibt es keine Beweise. Auch wenn Hitler innerlich gejubelt haben dürfte: Dass die Tat den Nazis half, ist kein Beweis für ihre Täterschaft. Die Verhaftungswelle war ohnehin geplant und musste nur noch ausgeführt werden. Und für den Reichstagsbranderlass griff man auf bereits existierende Entwürfe zurück. Auch aus dem Kreis der NSDAP sprechen die Anzeichen eher dafür, dass die Nationalsozialisten nichts mit der Brandlegung zu tun hatten. Beispielsweise berichtet Goebbels noch 1941 in seinem Tagebuch, Hitler vermute den Kommunisten Torgler als Urheber des Brandes. Wozu aber hätte er eine solche Vermutung im intimen Kreis äußern sollen? Kaum vorstellbar, dass Hitler selbst über die Aktion nicht informiert gewesen wäre - hätten die Nazis den Brand tatsächlich zu verantworten.

Muttertag

Ein Herz für Blumen?

Noch mehr als ein Jahrzehnt nach der Wiedervereinigung der beiden deutschen Staaten werden die Frauen in Ost und West an unterschiedlichen Tagen gewürdigt. Während auf dem Gebiet der ehemaligen DDR zumeist die Tradition des Internationalen Frauentages am 8. März weitergeführt wird, halten viele Familien des Westens an der Tradition des Muttertages fest, der am zweiten Sonntag im Mai gefeiert wird.

Diskussionen in Ost wie West kritisieren am Muttertag meistens die damit verbundene Frauenrolle: Ein Tag, der die Mutterrolle der Frau als Ideal verherrliche, sei überholt und politisch wie gesellschaftlich inakzeptabel. Außerdem sei der Muttertag eine Erfindung der Nationalsozialisten und schon allein deshalb abzulehnen.

In der Tat: Während des »Dritten Reichs« wurde eine Vorstellung von Frau und Familie vertreten, die den Frauen eindeutig einen Platz hinter den Männern zuwies und die Mutterschaft als ihre eigentliche Bestimmung postulierte. Seit 1934 war der Muttertag Teil des »nationalsozialistischen Feierjahres« und wurde entsprechend propagandistisch genutzt. Je mehr Kinder, je besser, und die Mütter von mehr als drei Kindern wurden aus diesem Anlass mit dem Mutterkreuz geehrt. Die Bestimmung der »deutschen Frau« war ihr Dienst für die »Volksgemeinschaft« durch das Gebären möglichst zahlreichen Nachwuchses. Das betraf natürlich nur den »arischen« Nachwuchs – »zum Schutz des deutschen Blutes und der deutschen Ehre«. Das »Mutterkreuz«, respektlos auch »Kaninchenorden« genannt, wurde seit 1939 jeweils zum Muttertag verliehen und trug um das Hakenkreuz die Inschrift »Das Kind adelt die Mutter«.

Aber auch wenn der Muttertag vortrefflich zur nationalsozialistischen Familienideologie und ihrem Mutterkult passte – er ist keine deutsche Erfindung.

Ursprünglich aus England kommend, galt der zweite Sonntag im Mai ab 1914 in den USA als Muttertag und offizieller Feiertag. Damals nutzten ihn vor allem die Frauenrechtlerinnen für ihre Zwecke. Sie sahen in der Betonung der weiblichen Mutterrolle noch keine Benachteiligung.

Vermutlich haben geschäftstüchtige Blumenhändler den Feiertag sehr bald zum Geldverdienen benutzt. Das jedenfalls lässt die Tatsache vermuten, dass sich der »Verband deutscher Blumengeschäftsinhaber« nach dem Ersten Weltkrieg für die Einführung des Feiertages in Deutschland aussprach. Er wurde dann seit 1922 tatsächlich auch im Deutschen Reich begangen. Erst nach Hitlers Machtergreifung jedoch wurde der Muttertag auch staatlicherseits mit großem Aufwand inszeniert. Vermutlich hätten die Nationalsozialisten so etwas wie den Muttertag erfunden, wenn er nicht bereits existiert hätte. Mit Blick auf den Mutterkult des »Dritten Reiches« ist nachvollziehbar, wieso der Muttertag durchaus mit Skepsis betrachtet werden kann.

Wahlplakat der NSDAP: Knapp die Hälfte der Stimmen für die NSDAP stammte von Frauen.

Reichsautobahn

Die »Straßen des Führers«?

Natürlich - Hitler hat den Autobahnbau initiiert und mit dieser gewaltigen Arbeitsbeschaffungsmaßnahme die erdrückenden Arbeitslosenzahlen in Deutschland senken und die öffentliche Meinung für sich gewinnen können. So jedenfalls lautet noch heute die verbreitete Meinung über den Autobahnbau der Nationalsozialisten: Hitler mochte ja ein skrupelloser Verbrecher gewesen sein, der Deutschland ins Verderben stürzte - aber mit der Autobahn habe er dem Land einen noch heute wirksamen Dienst erwiesen. Auch wenn die Autobahn vor allem den Truppenbewegungen im längst geplanten Krieg dienen sollte.

Dass die deutschen Autobahnen zu einem Mythos wurden, daran arbeiteten die Nationalsozialisten in der Tat. Man propagierte die Straßen als Möglichkeit, die »nordische Neigung« auszuleben, die Enge des Raumes zu überwinden. Die Autobahn galt als Synonym des Fortschritts und wurde mit den großen Taten der Menschheit verglichen - wie den Pyramiden oder der Chinesischen Mauer. Plakate zeigten landschaftlich reizvolle Autobahnabschnitte. Und man beschwor die Zukunft, wenn dereinst 80 Millionen Volksdeutsche mit dem eigenen Volkswagen unterwegs sein würden. Zu Beginn der Dreißigerjahre aber war Deutschland im Vergleich zu Frankreich, England oder gar den USA automobilistisches Entwicklungsland. In Frankreich und England fuhren, im Verhältnis zur Einwohnerzahl, dreimal so viele Autos durchs Land wie im Deutschen Reich.

Also priesen »Kraft durch Freude«-Busreisen die Autobahnen einstweilen als Attraktion an. Hitler und sein ihm treu ergebener »Generalinspektor für das deutsche Straßenwesen«, Fritz Todt, nutzten die »Straßen des Führers« für die propagandistischen Zwecke des Regimes.

Dabei ist Hitler keineswegs als Erster darauf gekommen, Autobahnen bauen zu lassen. Die Berliner »Automobil-Verkehrs- und Übungsstraße« (Avus) war schon 1921 eingeweiht worden - nach langen Jahren der Planung. Italien hatte seine erste *autostrada* bereits 1924 in Betrieb genommen. Die deutsche Strecke Köln-Bonn wurde 1932 fertiggestellt. Und Hitlers erstes Projekt, das er selbst 1933 mit einem in Wochenschau wie Zeitungen öffentlichkeitswirksam dokumentierten Spatenstich in Gang setzte, war Teil eines bereits seit 1926 verfolgten Projekts: Die HAFRABA sollte Hamburg, Frankfurt/Main und Basel verbinden, mit geplanter Verlängerung in Richtung Italien. Außerdem bestanden längst Planungen für ein ganz Deutschland erfassendes Autobahnnetz von 10 000 Kilometern Länge. Aber dass Hitler dem Straßenbau enorme Bedeutung zuwies, zeigen seine umgehenden Maßnahmen, bereits wenige Wochen nach der Machtergreifung. Seine notorische Technikbegeisterung dürfte daran allerdings nicht unschuldig gewesen sein.

Bleiben die arbeitsmarktpolitischen Maßnahmen. Fritz Todt verstand es, den Autobahnbau als wirksame Bekämpfung der Arbeitslosigkeit zu vermitteln. Grafiken, die die sinkende Arbeitslosigkeit dokumentieren sollten, prangten oft als nach unten weisende Kurve vor dem Hintergrundbild freudig marschierender, neu eingestellter Autobahnarbeiter. Fritz Todt hatte den Aspekt der Arbeitsbeschaffung schon 1932 in seinem so genannten »Braunen Bericht« für Adolf Hitler angeführt: Mindestens 600 000 Arbeitsplätze sollte der Autobahnbau schaffen. Tatsächlich aber lag der Anteil der Autobahnen an der Arbeitsbeschaffung nur bei ca. vier Prozent. Die höchste Beschäftigungszahl wurde 1936 erreicht, mit knapp 125 000 Arbeitsplätzen.

Und der militärische Hintergrund? Sollten Hitler und Todt vor allem an den »kriegswichtigen« Aspekt der Autobahnen gedacht haben, so versäumten sie offenbar, auf Wünsche und Be-

Die Saalebrücke bei Hirschberg. Propagandaplakat von 1937

denken der Generäle einzugehen. Diese befürchteten nämlich, die Strecken könnten feindlichen Fliegern zur Orientierung dienen. Panzerfahrzeuge konnten die zu dünne Betondecke ohnehin nicht nutzen, gegenüber der leistungsfähigen Eisenbahn waren die Autobahnen also eindeutig im Nachteil. Trotzdem sorgte sich das Militär, »der Feind« könne im Fall einer Invasion die Autobahnen für eigene Transportzwecke nutzen.

Was Hitler »neu« erfand, war das propagandistische Potenzial der Autobahnen. Um aus der nationalen Aufgabe ein »Kunstwerk« zu machen, wurden den Ingenieuren Landschaftsarchitekten zur Seite gestellt. Für die optische Wirkung wurde schon mal auf Fahrkomfort (vermeidbare Steigung) oder Fahrzeitverkürzung (Streckenführung mit Umwegen) verzichtet. Außerdem sollten die Straßen auf möglichst vielen Kilometern den »deutschen Wald« durchqueren. In einem Propagandafilm aus dem Jahr 1935 klärt der Mann am Steuer seine Beifahrerin über den hohen Anspruch der Ingenieurskunst auf: »Ein fest gefügtes, unzerstörbares Band, das Technik und Natur verbindet«. Darauf sollte nur fahren, wer dem arischen Rasseideal entsprach: Den Juden wurde bereits 1938 mit den Rassegesetzen die Benutzung der Autobahnen untersagt.

Eine Karte aus dem Jahr 1941 zeigt, dass die Reichsautobahn das künftig unter deutscher Herrschaft stehende Europa verkehrsmäßig erschließen sollte.

Bei aller Euphorie und Energie, die Hitler auf den Reichsautobahnbau verwendete, war ihm zweifellos schnell klar, dass der Bau der Autobahn vorerst weder verkehrspolitisch noch aus militärischen Erwägungen notwendig oder sinnvoll war. Erst 1941/42 aber wurden, nachdem seit Kriegsbeginn verstärkt Kriegsgefangene und Juden für den Bau eingesetzt worden waren, alle Arbeiten eingestellt. Viele der Arbeiter wurden dann nötiger bei den gewaltigen technischen Einsätzen im Russlandfeldzug gebraucht und erlebten nicht mehr, wie die Wehrmacht Autobahnbrücken sprengte, damit die näher rückenden alliierten Truppen sie nicht benutzen konnten. Viele Raststätten entlang der Autobahnen wurden später in Lazarette umfunktioniert.

Blitzkrieg

Geniale Strategie oder »absolutes Wunder«?

Der Begriff »Blitzkrieg« für die Taktik der deutschen Wehrmacht im Zweiten Weltkrieg ist legendär geworden. Seit dem Westfeldzug 1940, mit dem Hitler die Kriegserklärungen Frankreichs und Großbritanniens - in Reaktion auf den Überfall Polens am 1. September 1939 - konterte, war dieser Begriff in aller Munde. Die Alliierten benutzten ihn ebenso wie die nationalsozialistische Propagandamaschinerie.

Frankreich hatte sich hinter der Maginotlinie sicher gefühlt, im festen Bewusstsein, die stärkste Armee zu besitzen. Das Land wurde von der unerwarteten Niederlage und dem Vormarsch der Wehrmacht tief ins Landesinnere überrascht - und zutiefst schockiert. Wie hätten sie auch damit rechnen sollen, dass den deutschen Truppen in nur vier Tagen gelingen würde, was sie in den vier Jahren des Ersten Weltkrieges nicht vermocht hatten: Die französische Front zu durchbrechen? Die Beurteilung des unerwarteten schnellen Sieges sparte denn auch auf allen Seiten der Frontlinie nicht mit Superlativen: Von den Ausmaßen einer griechischen Tragödie war da die Rede, vom »überwältigendsten Sieg der modernen Geschichte«, von einer nicht gekannten militärischen Katastrophe.

Die fassungslose Weltöffentlichkeit erklärte sich den Sieg der deutschen Wehrmacht mit einem genialen neuen militärischen Schachzug: Mit der so genannten »Blitzkrieg-Strategie« habe Hitler militärisch etwas ganz Neues erdacht. Aufgrund der strategisch ungünstigen Mittellage des Deutschen Reiches hatten die Militärs zwar schon immer versucht, in Feldzügen rasche Entscheidungen herbeizuführen, um der Gefahr eines langwierigen Zwei-Fronten-Krieges im Osten und Westen zu entgehen. Aber dieser Sieg musste eine geniale, ganz neue Strategie zur Ursache haben. Noch heute ist die Überzeugung verbreitet, Hitler und seine Generäle hätten die Blitzkrieg-Strategie eigens für den Westfeldzug entwickelt und bewusst eingesetzt. Vor einigen Jahren aber hat ein Militärhistoriker die Akten eingehender befragt und herausgefunden, dass wir da einer Legende aufgesessen sind, an der die Nationalsozialisten eifrig mitgestrickt haben.

Tatsächlich wurde die Blitzkrieg-Strategie erst nach dem erfolgreichen Westfeldzug planmäßig eingesetzt. Hitler hatte 1939 gehofft, mit dem Überfall auf Polen ebenso davonzukommen wie mit dem Anschluss Österreichs oder der Zerschlagung der Tschechoslowakei. Mit der umgehenden Kriegserklärung der Alliierten hatte er nicht gerechnet. Und dem Heereskommando muss die Luft weggeblieben sein angesichts der militärischen Übermacht Frankreichs und Englands. Zudem befanden sich Panzer- und Luftwaffe der Deutschen aufgrund der Restriktionen des Versailler Vertrages noch im Aufbau. Wie sollte das Wagnis also gut ausgehen können, wenn das eigene Militär nur teilweise einsatzbereit war?

Archivforschungen haben ergeben, dass die Wehrmacht 1940 mit einem langwierigen Kampf rechnete - das ergibt sich aus den Vorbereitungen, die man traf. Dann aber trat eine Entwicklung ein, die niemand erwartet hatte und die eine ungeahnte Dynamik freisetzte - und letztlich zum Erfolg der Wehrmacht führte: durch den Einsatz neuer technischer Möglichkeiten, zusammen mit der Strategie, mittels Luft- und Panzerwaffe einen Stellungskrieg zu vermeiden. Die Auswirkungen dieser »Flucht nach vorn« überforderten die Alliierten ebenso wie sie die Wehrmachtsgeneräle überraschten. Dazu kamen Umstände, die den Erfolg der Deutschen begünstigten, beispielsweise Fehler auf Seiten der Militärführung der Kriegsgegner. Daher nützte den Alliierten ihre faktische Überlegenheit nichts. Sogar die deutschen Militärs verloren zeitweise die Kontrolle über die Ereignisse, und das eigenmächtige Handeln der Truppen erhöhte die Dynamik der Entwicklungen noch zusätzlich.

Hitler reagierte entsprechend auf den unerwartet schnellen Sieg: »Es ist ein Wunder, ein ausgesprochenes Wunder!«, rief er. So wenig hatte er an einen Sieg geglaubt, so unheimlich war ihm sein unerhörtes Glück, dass er eine Falle der Alliierten witterte.

Die Kriegspropaganda mochte natürlich nicht zugeben, dass der schnelle Sieg den Deutschen sozusagen in den Schoß gefallen war. Die Blitzkrieg-Theorie war viel wirkungsvoller, zudem die Alliierten dieselbe Interpretation der Ereignisse wählten. Das entlastete ihre militärische Führung, denn man konnte kaum erwarten, dass sie sich so rasch einer unerwarteten, zudem noch »genialen« Strategie hätten anpassen können. Man konnte ihnen also keine Unfähigkeit vorwerfen.

Der Westfeldzug war also nicht aufgrund einer neu eingesetzten Taktik siegreich verlaufen, sondern hatte der Wehrmacht aufgrund verschiedener Umstände unverhofft einen Sieg verschafft. Das Blitzkrieg-Denken als militärische Strategie war nicht der Grund für diesen Sieg, sondern seine Folge.

Kriegsversorgung

»... dann hungert nicht der Deutsche!«

Der Hunger ist ein Begleiter des Krieges. Die Auswirkungen kriegerischer Auseinandersetzungen sind gerade für die Zivilbevölkerung in den meisten Fällen schrecklich. So war es im Dreißigjährigen Krieg, als gegnerische Heere dem Feind beim Rückzug keine Beute lassen wollten und durch wüste Brandschatzung den Menschen die Lebensgrundlagen entzogen. So war es bei unerbittlichen Belagerungen von Städten, wenn zynisches militärisches Kalkül den Hungertod der eingekesselten Stadtbevölkerung einplante. Der Zweite Weltkrieg bildet da keine Ausnahme: Insbesondere die Luftangriffe fügten der Zivilbevölkerung der Krieg führenden Länder großes Leid zu.

Häufig wird jedoch vergessen, dass, abgesehen von den verfolgten Volksgruppen, die deutsche Zivilbevölkerung, so sehr sie auch unter den Bombenangriffen der Alliierten zu leiden hatte, eines während des Zweiten Weltkrieges nicht ertragen musste: Hunger. Zwar wurden, lange vorbereitet, bereits vier Tage vor Kriegsbeginn Lebensmittelkarten eingeführt, aber es gab bis Kriegsende kaum ernsthafte Engpässe in der Versorgung der Zivilbevölkerung. Der Hunger kam erst mit Kriegsende, und er wurde umso größer, je mehr Flüchtlinge aus den verlorenen Ostgebieten in die zerbombten Städte strömten. Wer den Krieg mitgemacht hat, erinnert sich vielleicht noch, dass die Lebensmittelkarten bis 1945 gegen eine erstaunliche Vielfalt von Waren eingelöst werden konnten. Allerdings wird heute gerne vergessen, woher die Waren stammten und dass dafür anderswo Menschen an Hunger starben.

Als sich die deutsche Armee 1941 nach Osten in Gang setzte,

traf das Berliner »Reichsministerium für Ernährung und Landwirtschaft« klare Regelungen: Himmler hatte zuvor von dem Ziel gesprochen, in der Sowjetunion 30 Millionen Menschen sterben zu lassen. Hermann Göring erwartete »das größte Sterben seit dem Dreißigjährigen Krieg«. Zum einen plante das Deutsche Reich, mit der rücksichtslosen Ausbeutung der eroberten Länder das Defizit auszugleichen, das durch die britische Handelsblockade entstanden war, denn Europa war damals noch auf Nahrungsmittelimporte aus Übersee angewiesen. Als im Frühjahr 1941 zum ersten Mal die Lebensmittelrationen gekürzt werden mussten, erkannten die Führungsspitzen der NSDAP darin eine ernsthafte Gefahr für die Stimmung im Land. Zum anderen sollte die Wirtschaftskraft der Sowjetunion dauerhaft zerstört werden. Zudem war unerlässlich, dass die drei Millionen Soldaten, die nach Osten drängten, direkt aus den eroberten Gebieten ernährt wurden.

Das gelang, jedenfalls solange Deutschland an der Ostfront erfolgreich war - und das sogar mit beachtlichen Rationen, die drei- bis viermal größer waren als die der Familien zu Hause. Viele Soldaten schickten sogar Lebensmittel nach Hause, was der »Führer« ausdrücklich befürwortete. Man sollte sehen, dass es den kämpfenden Angehörigen gut ging. Was man nicht sah, war das unermessliche Leid, das die kleinen Paketsendungen - und noch mehr die langen Züge, die zum Beispiel aus der »Kornkammer« Ukraine Getreide nach Deutschland brachten - für die Zivilbevölkerung insbesondere der Sowjetrepubliken Ukraine und Weißrussland bedeuteten. Was die Besatzungsarmee abschöpfte, fehlte in den Töpfen der hungernden Bevölkerung.

Der Staatssekretär des Ernährungsministeriums Herbert Backe trichterte der Armee ein, dass es auf die Ernährung der »Feindbevölkerung« nicht ankäme. Viele Millionen würden ohnehin sterben, und das Mitleid für die hungernden Menschen könne man sich sparen angesichts der Notwendigkeit, Deutschland das Durchhalten zu ermöglichen und den »Endsieg« herbeizuführen. Ein wissenschaftlicher Berater des Ernährungsministeriums notierte neben statistischen Angaben zur Bevölkerung Weißrusslands 1941: »Verhungern!« Göring brachte diese Menschenverachtung auf eine grausame Formel: »Wenn in diesem Krieg gehungert wird, dann hungert nicht der Deutsche, sondern andere.« Dieses Ziel wurde in der Tat erreicht - und brachte den Hunger schließlich doch noch nach Deutschland: Bis kurz vor der westdeutschen Währungsreform bestimmten Hunger und Lebensmittelknappheit das Leben im Nachkriegsdeutschland.

Atombombe

Heldenhafte Wissenschaftler?

Dass in Deutschland seit der Entdeckung der Kernspaltung 1938 einige Dutzend Wissenschaftler an der Entwicklung von Atomwaffen arbeiteten, gibt noch heute Anlass zu düsteren Spekulationen: Was wäre geschehen, hätte Hitler das Rennen um die Entwicklung der Bombe gemacht? Hätte das Deutsche Reich mit dem Abwurf einer Atombombe den Zweiten Weltkrieg noch zu seinen Gunsten - und zum Unheil der gesamten Welt - entscheiden können?

Die USA arbeiteten ebenfalls mit Hochdruck an der Nutzbarmachung der Kernspaltung zu militärischen Zwecken. Eine vergleichbare Anzahl Wissenschaftler und eine ähnliche Menge Geld wurden investiert, um das Vorhaben möglichst rasch voranzubringen. Auch die Ergebnisse waren zunächst vergleichbar, bis die Amerikaner im Winter 1941/42 aufgrund technologischer Überlegenheit einen Vorsprung erlangten. Waren die Kriegsgegner in ihrem Rennen einige Jahre gleichgezogen, so ließen die Vereinigten Staaten Deutschland nun immer weiter hinter sich zurück - ohne davon zu wissen. Damals war man sich in Washington bereits im Klaren darüber, dass der Krieg noch Jahre dauern würde und es daher durchaus sinnvoll war, die Forschungen weiterzuführen. Auch wenn die Entwicklung einsatzfähiger Bomben noch Zeit brauchte - die Atomwaffen würden höchstwahrscheinlich noch zum Einsatz kommen und möglicherweise kriegsentscheidend sein. Außerdem mochte der Kriegsgegner ähnlich kalkulieren, allein deshalb schien es dringend geboten, schneller zu sein.

Die Überlegungen in Deutschland waren zunächst in der

Tat ähnlich. Allerdings hatte bei der deutschen Regierung die Erkenntnis, dass der Krieg nicht in Monaten zu gewinnen war, zu anderen Überlegungen geführt, denn die Ressourcen waren beschränkt. Man entschied sich angesichts des großen Aufwandes an Mitteln und Zeit, bei der Entwicklung der Kernforschung auf großtechnische Produktion zu verzichten und nur Grundlagenforschung weiterzubetreiben. Das bedeutete, auch wenn das Projekt weitergefördert wurde und als »kriegswichtig« galt, das vorläufige Aus für die Bombe. Man konzentrierte sich stattdessen auf die Entwicklung neuer Raketen, den so genannten »Wunderwaffen«, mit denen der »Endsieg« herbeigeführt werden sollte. Das verantwortliche Heereswaffenamt rechnete nicht damit, dass noch im laufenden Krieg einsatzfähige Atomwaffen hergestellt werden konnten.

Nach dem Krieg blühten die Spekulationen darüber, warum Hitler-Deutschland die Entwicklung der Bombe nicht stärker forciert hatte. Waren die deutschen Kernphysiker ihren amerikanischen Kollegen unterlegen? Einer verbreiteten Einschätzung zufolge hatten sie gravierende Fehler gemacht, die einen schnelleren Abschluss des Projektes verhinderten. Waren sie also gar nicht in der Lage gewesen, die Bombe herzustellen? Oder hatten sie die Bombe womöglich sogar aus moralischen Erwägungen verhindert, weil sie ihren Einsatz für ein verbrecherisches Regime nicht unterstützen wollten?

Zehn deutsche Wissenschaftler wurden unmittelbar nach Kriegsende für mehrere Monate in England interniert. Dort wurden sie ohne ihr Wissen abgehört: Die Alliierten wollten herausfinden, wie weit die deutsche Kernphysik tatsächlich gekommen war. Anlässlich des Abwurfs der Atombombe über Hiroshima im August 1945 diskutierten die überrumpelten Wissenschaftler tatsächlich erregt, was die amerikanischen Kollegen da geschafft hatten – im Unterschied zu ihnen. Die Protokolle dieser Abhöraktion wurden erst 1991 veröffentlicht, man versprach sich mit ihrer Hilfe eine abschließende Aufklärung über den wirklichen Grund dafür, dass die Deutschen den USA nicht zuvorgekommen waren.

Aber diese Frage ist nicht leicht zu beantworten, denn von verschiedenen Seiten wurde aus ganz unterschiedlichen Gründen Legendenbildung betrieben. Amerikanische Kernphysiker rechtfertigten ihre Arbeit an der Massenvernichtungswaffe mit dem Argument, man habe den Deutschen zuvorkommen müssen, um größeres Unheil zu verhindern. Populär wurde auch die These, das deutsche Physikerteam habe substanzielle Fehler gemacht und sei schlichtweg unfähig gewesen, die Bombe zu konstruieren. Auf der anderen Seite begannen sich die deutschen Forscher noch während ihrer Internierung zu rechtfertigen. Der Vorwurf gegen sie war schließlich erheblich: Hatten skrupellose Wissenschaftler ihre Fähigkeiten nicht in den Dienst eines verbrecherischen Regimes gestellt? Wie Millionen andere Deutsche, aber angesichts des besonders prekären Tätigkeitsfeldes in weiter reichender Verantwortung, versuchten die Physiker nun, ihr Tun vor sich und der Welt zu rechtfertigen. Sie behaupteten, untereinander abgesprochen zu haben, den Bau der Bombe nicht zuzulassen. Und die Entscheidung des Heereswaffenamtes von 1942, die aufwändige Großproduktion nicht weiterzuverfolgen, sei schließlich auf der Grundlage ihrer Gutachten erfolgt.

Nun lässt sich aber heute nicht mehr nachweisen, ob es tatsächlich entsprechende Absprachen gegeben hat, denn die einzigen Zeugen sind die Wissenschaftler selbst. Müßig ist auch die Überlegung, ob die deutschen Physiker sich einer Weisung widersetzt hätten, ihr Projekt weiterzuverfolgen. Man kann darüber spekulieren, ob die Deutschen um Werner Heisenberg und Carl Friedrich von Weizsäcker tatsächlich die innere Größe hatten, ihre eigene Forschungsarbeit zu Gunsten moralischer Bedenken zu torpedieren, oder ob sie nach der deutschen Niederlage mit einer Mischung aus Verdrängung und Auslegung des eigenen Handelns ihre Selbstachtung wieder gewinnen - und ihre berufliche Perspektive retten wollten. Die Geschichtsschreibung ist sich in diesem Punkt nicht einig, gerade weil man es beurteilen, aber nicht belegen kann: Die einen weisen darauf hin, dass die deutsche Entscheidung 1942 im Wesentlichen ohne Mitwirkung der Wissenschaftler erfolgte. Die anderen gestehen den wissenschaftlichen Größen moralische Bedenken zu - und die bewusste Entscheidung, zu verhindern, was wir uns lieber nicht ernsthaft vorstellen wollen.

Helgoland

Der Big Bang für den Untergang?

Die siebzig Kilometer vor der Küste in der Nordsee gelegene Insel Helgoland hat eine wechselvolle Geschichte. Ursprünglich von den Friesen besiedelt und seit dem 15. Jahrhundert zu Schleswig-Holstein-Gottorp gehörig, wurde sie im 18. Jahrhundert dänisch. 1807 besetzten die Briten das strategisch bedeutsame Schmugglerparadies. Später wurde es zum Seebad ausgebaut, bereits 1826 kamen die ersten Badegäste. Der deutsche Kaiser Wilhelm II. hatte es schon lange auf die Insel abgesehen, als er 1890 mit dem Vereinigten Königreich den Helgoland-Sansibar-Vertrag abschloss. Darin einigte man sich über Kolonialansprüche und Grenzen in Afrika, die Briten traten dafür Helgoland an Deutschland ab.

Im Ersten Weltkrieg kam der Insel als Flottenstützpunkt große strategische Bedeutung zu, und nach der deutschen Niederlage 1918 wurden die militärischen Anlagen geschleift. In den Dreißigerjahren wurde Helgoland dann erneut militärisch ausgebaut: als Marinehafen mit U-Boot-Bunker, Flakturm und einem riesigen Munitionsdepot.

Kurz nach Kriegsende besetzten britische Truppen die wegen der schweren Luftangriffe in Mitleidenschaft gezogene Insel, die evakuierten Bewohner durften nicht in ihre Heimat zurückkehren. Die Engländer gingen so weit, die Gemeinde Helgoland rechtlich aufzulösen und die Insel direkt der Royal Navy zu unterstellen. Bis 1952 weigerte sich die Regierung Ihrer Majestät kategorisch, Helgoland an Deutschland zurückzugeben, stattdessen bombardierte man die Insel weiter - zu Versuchszwecken, wie es hieß.

Die schwersten Zerstörungen brachten die Bombenabwürfe vom 18. April 1947: Fast 7000 Tonnen Sprengstoff aus Beständen der deutschen Wehrmacht, zum Teil schon auf der Insel gelagert, erschütterten Helgoland, ein Viertel der Steilküste wurde ins Meer gerissen, die Insel war von Kratern übersät – eine Katastrophe, vor allem für die Insulaner, die weiter auf eine Rückkehr gehofft hatten. Die Explosionen waren bis aufs Festland zu hören, und von Cuxhaven aus konnte man eine riesige Rauchwolke aufsteigen sehen.

Viele Experten hatten befürchtet, die Insel würde bei diesem Angriff völlig zerstört werden, und in Deutschland hält sich bis heute die Überzeugung, die Briten hätten genau dies mit ihrer Aktion beabsichtigt: Fakten schaffen, um die Insel nicht doch noch zurückgeben zu müssen. Warum sonst dieser Angriff, der die bis dahin schwerste, je durch konventionellen Sprengstoff ausgelöste Detonation auslöste?

Aber die heute zugänglichen Akten des britischen »Public Record Office« bestätigen diese Vermutung nicht. Den Briten ging es darum, alle verbliebenen militärischen Anlagen zu zerstören, die den Krieg und die bisherigen Angriffe überstanden hatten: Vor allem der U-Boot-Bunker und die ausgedehnten Anlagen im Inneren der Insel sollten für immer unbrauchbar gemacht werden. Zwar gaben die Briten die Insel fünf Jahre später nur auf diplomatischen Druck und höchst widerwillig zurück. Aber Großbritannien hatte nicht beabsichtigt, die raue Insel in Grund und Erdboden zu bomben.

Marshall-Plan

»Größtes Projekt internationaler Zusammenarbeit«?

Am 5. Juni 1947 hielt der US-amerikanische Außenminister George C. Marshall an der Harvard University einen Vortrag. Er kündigte umfangreiche Aufbauhilfe-Maßnahmen für das noch immer unter den wirtschaftlichen Folgen des Krieges leidende Europa an, das »European Recovery Program«. Noch heute gilt das besser unter dem Namen »Marshall-Plan« bekannte Programm als Synonym für erfolgreichen wirtschaftlichen Wiederaufbau. Und fast immer, wenn heutzutage ein Land mit massiven wirtschaftlichen Problemen zu kämpfen hat, wird der Ruf nach einem »neuen Marshall-Plan« laut. Das forderte Bundesaußenminister Genscher im März 1990 für die DDR, das verlangte die serbische Reformregierung nach dem Ende der Ära Milosevic, und ähnlich beurteilten viele deutsche Politiker und Kommentatoren das Ergebnis der Geberkonferenz, die im Januar 2002 für das soeben befriedete Afghanistan abgehalten wurde.

Das Wundermittel Marshall-Plan wird vor allem in Deutschland mit Vorliebe beschworen, denn hier hat dieser Name einen besonders guten Klang. Mit dem Wirtschaftsprogramm nach dem Zweiten Weltkrieg verbindet die Aufbaugeneration in Westdeutschland das Wirtschaftswunder, die Währungsunion und auch die politische Rückkehr Nachkriegsdeutschlands auf die internationale politische Bühne.

Weil der Marshall-Plan in der öffentlichen Wahrnehmung untrennbar mit dem berühmten westdeutschen Wirtschaftswunder der frühen Fünfzigerjahre verbunden ist, wird hierzulande oft übersehen, dass er keineswegs allein für Westdeutschland entworfen wurde oder seine Gelder nur dorthin geflossen wären.

Die USA hatten nach dem Ende des Zweiten Weltkrieges sehr bald erkannt, dass Europa sich von den wirtschaftlichen Auswirkungen des Krieges nur erholen konnte, wenn auch Deutschland die Möglichkeit gegeben wurde, sich zu entwickeln. Deshalb kam der berüchtigte Morgenthau-Plan nicht zur Anwendung. Der nach dem US-amerikanischen Finanzminister benannte Plan hatte noch 1944 vorgesehen, Deutschland nach der längst absehbaren Niederlage zu zerteilen und zu einem politisch wie ökonomisch bedeutungslosen Agrarland zu machen - auf dass es nie wieder gefährlich werde. Als aber 1947 der ehemalige US-Präsident Hoover das besetzte Deutschland besuchte, das gerade einen außerordentlich strengen Winter hinter sich hatte, war er schockiert von den Verhältnissen im Land. Zurück in Amerika, forderte er mit Nachdruck, Deutschland müsse wieder auf die Beine geholfen werden.

Zunächst versuchte man, eine gemeinsame Wirtschaftspolitik aller Besatzungsmächte durchzusetzen, Deutschland zu entlasten und den wirtschaftlichen Wiederaufbau zu fördern. Das scheiterte jedoch an der Sowjetunion.

Außerdem konnte man in Europa kaum vermitteln, den besiegten ehemaligen Feind zu unterstützen, ohne den unschuldig vom Krieg betroffenen Ländern des Alten Kontinents ebenfalls unter die Arme zu greifen. Daher ging man zu der Strategie über, die Wirtschaftskraft Europas als Ganzes wiederherzustellen, Deutschland darin zu integrieren und so seinen Aufschwung zu ermöglichen. Europa sollte insgesamt in das neue Weltwirtschaftssystem unter US-amerikanischer Führung eingebunden werden.

Vor Beginn war man sich in den USA uneinig über die Frage, ob die UdSSR und die Länder ihrer Einflusssphäre zur Teilnahme eingeladen werden sollten. Die Sowjetunion und einige osteuropäische Länder signalisierten jedoch überraschenderweise Interesse. Eine Außenministerkonferenz zum Thema scheiterte jedoch, da die UdSSR die amerikanischen Auflagen als unvereinbar mit ihrer Souveränität betrachtete.

Die Ablehnung der Sowjetunion zog die Absage aller osteuropäischen Staaten nach sich.

Das bis dahin größte Projekt internationaler wirtschaftlicher Zusammenarbeit trat im April 1948 in Kraft. Neben Deutschland waren 15 weitere europäische Staaten beteiligt, darunter die Alliierten Großbritannien und Frankreich. Aber auch Island und die Türkei, Dänemark, Österreich oder die Niederlande waren unter den Teilnehmerstaaten des »European Recovery Program«. Nur ungefähr zehn Prozent der bereitgestellten Gelder flossen nach Deutschland, die Siegermächte Frankreich und Großbritannien erhielten erheblich mehr. Allein ein Viertel der Gelder wurde in Großbritannien ausgegeben.

Der Marshall-Plan war außerdem nicht, wie häufig angenommen, ein von den USA finanziertes Hilfsprogramm. Bedingung der Amerikaner war, dass die teilnehmenden Länder ein gemeinsames Wirtschaftsprogramm auf die Beine stellten, für das sie Gelder aus den Vereinigten Staaten erhielten. Die Unterstützung bedeutete auch nicht, dass Deutschland von seinen Reparationszahlungen befreit worden wäre. Entlastend war jedoch das Zugeständnis, die Kredite in eigener Währung zurückzuzahlen.

Zwar war der Marshall-Plan die Grundlage für den Wiederaufbau und die Westintegration, die zur Gründung der Bundesrepublik Deutschland und ihrem Aufstieg als westliche Wirtschaftsmacht führte. Er war aber keineswegs so erfolgreich, wie gemeinhin angenommen wird. Sein Ziel, die europäischen Volkswirtschaften in vier Jahren zum außenwirtschaftlichen Gleichgewicht zu führen, misslang.

Daneben wird der Marshall-Plan auch gerne als Voraussetzung für die europäische Integration herangezogen. Schließlich hätten die europäischen Staaten erstmals umfassend wirtschaftlich zusammengearbeitet. Aber der Wahrheit kommt näher, dass die USA die Europäer zu ihrem Glück drängen mussten. Gegen die Einrichtung supranationaler Einrichtungen stand noch immer der alte Egoismus der Nationalstaaten. Und auch mit dem Wirtschaftswunder im Gefolge der deutschen Währungsreform hat der Marshall-Plan wenig zu tun, denn die wirtschaftlichen Auswirkungen des Programms kamen erst Jahre später zum Tragen.

Die Stalin-Note von 1952

Gunst der Stunde nicht ergriffen?

Im Nachhinein sieht eigentlich alles ziemlich eindeutig aus. Nachdem das längst illusorisch gewordene Ideal bundesdeutscher Nachkriegspolitik, die Wiedervereinigung, sozusagen über Nacht wieder auf der Tagesordnung stand, lässt sich die deutsch-deutsche Nachkriegsgeschichte rückblickend schnell, wenn auch vereinfachend zusammenfassen: Nach dem Ende des Krieges und des nationalsozialistischen Systems in Deutschland teilten die Alliierten das besiegte Deutschland auf. Der Kalte Krieg zwischen den Machtblöcken der Vereinigten Staaten und der Sowjetunion machte die Hoffnung auf eine baldige Wiedervereinigung rasch zunichte, und der Mauerbau von 1961 zementierte die Trennung der beiden deutschen Staaten für jedermann sichtbar - auf Jahrzehnte. Erst unter dem Einfluss der russischen Perestroika und der einsetzenden Erosion des Warschauer Paktes konnte es zu den Ereignissen des Jahres 1989 kommen, mit dem so genannten Mauerfall am 9. November als Höhepunkt und der staatlichen Einheit Deutschlands 1990 als Folge.

Diese Einordnung der deutschen Nachkriegszeit gibt allerdings eine Folgerichtigkeit vor, die jede Möglichkeit anders verlaufender Entwicklungen ausschließt. Immerhin führten alle deutschen Parteien, auch die der DDR, in den Fünfzigerjahren noch das Ziel der deutschen Einheit in ihren Programmen. Beide Staatshymnen beschworen in ihren Texten die Einheit des Vaterlandes. Die Frage eines Friedensvertrages war damals noch Gegenstand der Politik und, im Unterschied zu später, auch ein Thema innerhalb der Bevölkerung. Und zumindest nach außen vertraten die Siegermächte des Zweiten Weltkrieges die Wiederherstellung der staatlichen Einheit Deutschlands durchaus als Option. Hatte es also vor 1989 wirklich keine Chance gegeben, die beiden Hälften des Landes wieder zusammenzuführen?

Am 10. März 1952 übergab der stellvertretende Außenminister der Sowjetunion den Botschaftern der drei Westmächte in Moskau drei gleich lautende Noten. Seither ist über diesen Vorstoß der UdSSR immer wieder, oft erregt und meistens kontrovers, diskutiert worden. Inhalt dieser Note war Stalins Angebot, gemeinsam über einen Friedensvertrag zu verhandeln und Deutschland wieder zu staatlicher Einheit zu verhelfen: Als neutrales, demokratisches Land außerhalb der Blöcke, aber mit dem Zugeständnis einer stehenden Nationalarmee. Er machte allerdings die Anerkennung der Oder-Neiße-Linie als deutsche Ostgrenze zur Bedingung - und die staatliche Neutralität.

War dieses Angebot ernst gemeint? Hätten die Sowjets ein unabhängiges und wiedervereinigtes, aber bürgerliches und neutrales Deutschland akzeptiert und die jüngst gegründete DDR geopfert? Oder war die berühmte »Stalin-Note« vom März 1952 ein raffinierter propagandistischer Versuch, den Westkurs der Adenauer-Regierung zu torpedieren? Möglicherweise hatte die Aktion auch nur darauf abgezielt, die öffentliche Diskussion in der Bundesrepublik zu beeinflussen und den dort bestehenden Widerstand gegen die Wiederbewaffnung zu unterstützen - beziehungsweise auszunutzen. Immerhin kam die Offerte zu einem Zeitpunkt, als Konrad Adenauer zielstrebig die Integration der Bundesrepublik in das westliche System verfolgte, der Beitritt zur Europäischen Verteidigungsgemeinschaft (EVG) unmittelbar bevorstand und die damit verbundene Wiederbewaffnung innenpolitisch durchaus noch kontrovers diskutiert wurde. Und die Tatsache, dass die Stalin-Offerte von den Westmächten nicht einmal ernsthaft geprüft wurde, bevor man sie ablehnte, sprach für viele Zeitgenossen eindeutig für die Voreingenommenheit der Westmächte. Nicht einmal nach Stalins Zustimmung zu freien gesamtdeutschen Wahlen in einer zweiten Note Anfang April beschäftigte man sich ernsthaft mit dem Angebot der Sowjets. War den Westmächten wie Bundeskanzler Adenauer die West-Integration wichtiger als die staatliche Einheit?

Mit dem Ende der Sowjetunion, seit Beginn der Neunzigerjahre, wurden in Moskauer Archiven erstmals Dokumente zugänglich, die Aufschluss über die wahren Absichten der Sowjetführung 1952 versprechen. Seitdem befassen sich auch Zeitgeschichtler wieder verstärkt mit der Kernfrage zur Stalin-Note: Hätte Stalin ein wiedervereinigtes, neutrales Deutschland außerhalb des sowjetischen Einflusses in Kauf genommen? Haben also die Adenauer-Regierung und vor allem die Westalliierten sein Angebot vorschnell als Finte abgelehnt? Anhand der neuen Quellen erhoffte man sich einen endgültigen Aufschluss über die Ereignisse von damals.

Aber so wie in den Fünfzigerjahren Politiker im Bundestag erbittert darüber stritten, wer was wo falsch oder richtig gemacht habe, ob die Adenauer-Regierung eine Chance vertan oder die Oppositionspolitiker an einer neuen Dolchstoßlegende strickten, so streiten weiterhin Historiker über die Interpretation der Ereignisse und Dokumente um die Stalin-Note. Bis heute gehen die Meinungen der Historiker weit auseinander, und der interessierte Laie muss sich zwischen den höchst unterschiedlichen Forschungsergebnissen eine eigene Meinung bilden.

Politisch gesehen mag die Frage der verspielten Chance knapp vierzig Jahre vor der wirklichen Wiedervereinigung ihren Sinn verloren haben. In den Augen eines Historikers aber hat die Frage, wie es eigentlich gewesen ist, immer ihre Berechtigung. Emotional besetzte Themen, die noch immer eine gewisse politische Brisanz haben, gibt es in der Zeitgeschichte immer wieder. So auch im Falle der Stalin-Note von 1952. Die vertane Chance liegt zumindest in der mangelnden Auslotung darüber, wie ernst es Moskau damals mit diesem Angebot war. Dann jedenfalls fiele es heute leichter, sich für eine Wertung zwischen den Etiketten »verpasste Chance« und »bloße Legende« zu entscheiden.

Volksaufstand

Im Westen Gedenken, im Osten Tabu

Ausgelöst durch Proteste von Berliner Arbeitern auf einer Baustelle am Krankenhaus Friedrichshain, artikulierten seit dem 15. Juni 1953 Arbeiter in der ganzen DDR ihren Protest gegen die von der SED verfolgte, so genannte »neue Politik«. Wie andere sozialistische Staaten versuchte auch die DDR, das Wirtschaftswachstum mittels neuer Wege zu beschleunigen – letztlich auf dem Rücken der Arbeiter. Aus deren Ablehnung der jüngst verhängten Normenerhöhungen und abermaligen Lohnkürzungen wurden Streiks, und schließlich eine landesweite Erhebung breiter Bevölkerungskreise gegen die Regierung. West wie Ost waren überrascht von den plötzlichen Entwicklungen. Die DDR-Regierung erwies sich als unfähig, einlenkend zu reagieren, solange es noch möglich war. Als der Sturz des DDR-Regimes unmittelbar bevorzustehen schien und Präsident wie Regierungschef bereits im sowjetischen Hauptquartier Zuflucht gefunden hatten, griff der »große Bruder« ein: Am Mittag des 17. Juni verhängte der sowjetische Stadtkommandant den Ausnahmezustand über Berlin und russische Truppen beendeten die Kämpfe gewaltsam. Der Westen schaute gelähmt zu, gezwungen untätig zu bleiben.

Nach der Niederschlagung der Proteste lautete die offizielle DDR-Lesart der Ereignisse zunächst, es habe sich um einen vom Westen gesteuerten faschistischen Putschversuch gehandelt. Den Vorwurf der »imperialistischen Provokation« nahm man später wieder zurück, die Anschuldigungen gegen »Konterrevolutionäre« wurden jedoch aufrechterhalten. Die von den Arbeitern kritisierten Bestimmungen wurden zwar später ausgesetzt, die Tage im Juni aber wurden zu einem jahrzehntelang wirkenden Tabu. Insbesondere dass es sich von Anfang an um politische Forderungen gehandelt hatte und nicht um bloßen sozialen Protest aufgrund der schwierigen Lebensverhältnisse, wurde unter den Teppich gekehrt.

Der westdeutsche Bundestag hingegen fasste schon am 1. Juli 1953 den Beschluss, den 17. Juni zum gesetzlichen Feiertag zu machen. Während die CDU einen »nationalen Gedenktag« für ausreichend hielt, wollte die SPD einen deutschen Nationalfeiertag. Man einigte sich auf einen Kompromiss. Der SPD ging es um die Betonung des Einheitswillens und die heroische Auflehnung der ostdeutschen Arbeiterschaft. Die CDU unter Adenauer hingegen war auf die Westintegration fixiert.

Heute ist der ehemalige BRD-Gedenktag zur deutschen Einheit, damals vor allem ein beliebter arbeitsfreier Tag im Frühsommer, nur noch eine ferne Erinnerung. Allenfalls erinnert man sich noch an schale Rituale im Bonner Bundestag, an Beschwörungen der Zusammengehörigkeit dies- und jenseits der deutsch-deutschen Grenze und an parteipolitische Schuldzuweisungen: Man stritt bei dieser Gelegenheit, wer das rechte Politikkonzept habe, ob Westbindung oder Ostverträge die Sternstunde bundesrepublikanischer Nachkriegspolitik darstellten.

Auch in der westdeutschen Beurteilung der damaligen Ereignisse in der DDR gingen die Meinungen und Einschätzungen auseinander. Worum handelte es sich nun bei den Ereignissen im Juni 1953, kurz nach dem Tod Stalins? Waren die Proteste in Ostberlin und in fast 300 Orten der DDR spontan oder geplant, hatten sie die deutsche Einheit als konkrete Perspektive im Blick oder vor allem die Verbesserung der Lebensumstände im Sinn? Außerdem stritt man, ob es nur um die Rücknahme der Normenerhöhungen für Arbeiter oder um den Sturz des Regimes gegangen war. Handelte es sich um einen begrenzten Arbeiteraufstand oder um eine landesweite Erhebung?

Der 17. Juni 1953 war genau das, was die unmittelbaren Ereignisse nahe legen: Ein Protest gegen die Politik der DDR-

Panzer mit Sowjetsoldaten in einer Menschenmenge

Regierung, der ohne das Eingreifen der Sowjetunion zum Sturz der SED geführt hätte. Die Proteste richteten sich gegen das autoritäre Regime und gegen undemokratische Verhältnisse. Daher propagierte man freie Wahlen, die vermutlich gesamtdeutsche gewesen wären. Denn damals war die Wiedervereinigung noch kein unerreichbar scheinendes Ideal wie in den Sechziger- und Siebzigerjahren, sondern erklärtes Ziel aller Parteien, inklusive der SED. Worüber man sich im Falle einer

Wiedervereinigung hätte einigen müssen, war die Politik in einem gemeinsamen Staat. Wie 1989 auch bedeutete die Ablehnung der Verhältnisse in der DDR nicht automatisch eine uneingeschränkte Zustimmung zum politischen System der Bundesrepublik - auch wenn der Westen das anders auffassen wollte.

Weil sich die Ereignisse des 17. Juni 1953 innen- und deutschlandpolitisch so gut einsetzen ließen, lag der Akzent im Westen vor allem auf dem Aspekt der Einheit. Seit den Siebzigerjahren jedoch wurde diese Lesart immer häufiger in Frage gestellt: War es den Demonstranten nicht viel mehr um Ziele gegangen, die mit der deutschen Frage gar nichts zu tun hatten?

Der 17. Juni ist ein Lehrbeispiel für den Einfluss der jeweiligen Umstände auf die Einordnung und Vereinnahmung von Ereignissen. Der Kalte Krieg hatte die Wahrnehmung enorm beeinflusst, die Konkurrenz der beiden deutschen Teilstaaten über den »richtigen Weg« war noch täglich spürbar. Daher ist es nahe liegend, dass die Ereignisse im Juni 1953 jeweils innerhalb des eigenen Denkschemas verarbeitet, interpretiert - und benutzt wurden. Und infolgedessen gibt das kurze Leben des westdeutschen Feiertages wenig Auskunft über die tatsächlichen Ereignisse, sondern sehr viel mehr über die Geschichte der Bundesrepublik. Und wie so oft bei Ereignissen der Zeitgeschichte bedarf es des zeitlichen Abstands und veränderter Umstände, um eine Einordnung ohne Scheuklappen oder rosa Augengläser vorzunehmen.

John F. Kennedy

»Ich bin ein Berliner«?

»Ich bin ein Berliner!«, rief US-Präsident John F. Kennedy sehr publikumswirksam 1961 vom Balkon des Schöneberger Rathauses einer sichtlich bewegten Menge Westberliner zu, kurz nachdem die Regierung der DDR durch den Bau der Berliner Mauer ihre Grenzen »gesichert« hatte. Das entsprach natürlich nicht der Wahrheit. Der schnell historisch gewordene Ausspruch, der die Moral der Bevölkerung in den Westsektoren stärken und als Beleg für die ungebrochene Solidarität der Vereinigten Staaten mit der geteilten Stadt dienen sollte, war natürlich im übertragenen Sinn gemeint: »Hört her«, sollte er besagen, »ich weiß, wie schwer es für euch ist in dieser Situation. Ich fühle mit euch und werde euch nicht im Stich lassen.« So kam der Besuch Kennedys bei den Westberlinern auch an. Noch heute genießt der 1962 ermordete Hoffnungsträger einer ganzen Generation höchstes Ansehen in der Stadt. Der Platz vor dem Schöneberger Rathaus heißt längst John-F.-Kennedy-Platz.

Dabei ließe sich darüber streiten, ob Kennedy diese Ehre wirklich verdient hat. Denn auch im übertragenen Sinne ist Kennedys Satz nicht zutreffend.

So wie am 13. August 1961 die fassungslosen Bewohner der Westsektoren vom Mauerbau überrascht wurden, so ahnungslos war auch die Bundesregierung in Bonn. Lange galt als sicher, dass die USA ebenso unvorbereitet waren und die Entscheidung zum Mauerbau kurzfristig getroffen wurde – auf der Konferenz des Warschauer Pakts Anfang August 1961. Neuere Forschungen in Archiven lassen diese krisenhaften

Wochen inzwischen allerdings in einem anderen Licht erscheinen: Sowjetunion und DDR planten den Mauerbau bereits seit dem Frühjahr - und die USA waren durchaus nicht ahnungslos. Die US-Regierung rechnete mit dieser Maßnahme, sah aber keine Möglichkeit, dagegen vorzugehen. Ganz im Gegenteil: Die Regierung Kennedy hatte Chruschtschow zuvor sogar diplomatisch verklausuliert zu verstehen gegeben, dass die USA nicht eingreifen würden, sollten die Sowjets ihre Sektorengrenzen absichern.

DDR und Sowjetunion bereiteten sich dennoch auf eine mögliche Kriegssituation vor. Während die ostdeutsche Grenzpolizei die Bauarbeiten sicherte, hielt sich die Rote Armee im Hintergrund bereit. Aber nichts geschah, als Maurer am Morgen des 13. August unter Bewachung der Grenzpolizei der DDR ihre Arbeit begannen.

Den Amerikanern kam diese Entwicklung gar nicht so ungelegen. Langfristiges Ziel der Regierung Kennedy war ein außenpolitischer Ausgleich mit der Sowjetunion. Kennedy strebte schon seit längerem eine endgültige Regelung der Berlin-Frage an, worin er letztlich am hartnäckigen Widerstand von Bundeskanzler Adenauer scheiterte. Wenn aber die DDR und ihre Schutzmacht UdSSR Fakten schafften, die - so die Ansicht Kennedys - die Lage stabilisierten, war das nur gut.

Weltpolitisch gesehen war der Mauerbau durchaus ein Schritt zum Ausgleich der gegensätzlichen Blöcke. Langfristig kam es zu einem Status quo, der zwar alles andere als angenehm war - aber die Situation in Berlin blieb weitgehend stabil. John F. Kennedy wollte ein Auskommen mit den Sowjets, und dass dies die Stadt Berlin und ihre Bewohner ins Mark traf und den Vier-Mächte-Status faktisch ad absurdum führte, nahm er hin. So gesehen, hat er gelogen, als er sich mit großer Geste als Berliner ausgab.

Die Toten von Stammheim

Vom Staat hingerichtet?

Auf dem Höhepunkt des »Deutschen Herbstes« 1977, am Morgen des 18. Oktober, öffneten die Wärter im siebten Stock des Hochsicherheitstraktes des Gefängnisses Stuttgart-Stammheim wie jeden Morgen die Zellen der vier dort inhaftierten Mitglieder der »Rote Armee Fraktion«: Andreas Baader und Gudrun Ensslin sowie Irmgard Möller und Jan Carl Raspe. In der Nacht zuvor war die Entführung einer Lufthansa-Maschine in der somalischen Hauptstadt Mogadischu blutig beendet worden: Eine deutsche GSG-9-Einheit hatte das Flugzeug um Mitternacht gestürmt und die verbliebenen Geiseln unversehrt befreit. Drei der beteiligten Terroristen wurden bei der Aktion getötet.

Die vier Insassen von Stammheim, die Köpfe des deutschen Linksterrorismus, hatten trotz Kontaktsperre erfahren, dass das Ziel der Entführung, ihre eigene Befreiung, damit vorerst unerreichbar geworden war. Am nächsten Tag würde im Elsass die Leiche des bereits Anfang September entführten Arbeitgeberpräsidenten Hanns Martin Schleyer aufgefunden werden. Auch bei diesem Anschlag hatten die Entführer die Freilassung der vier RAF-Mitglieder und sechs weiterer Gefangener gefordert.

Die Vollzugsbeamten fanden Jan Carl Raspe auf seinem Bett sitzend, den Rücken an die Wand gelehnt, in der rechten Hand eine Pistole, am Kopf eine Wunde, aus der Blut floss. Er war bewusstlos, zwei Stunden später starb er. Andreas Baader hatte sich ebenfalls erschossen, er lag tot in einer Blutlache auf dem Fußboden seiner Zelle, neben sich eine weitere Pistole.

Gudrun Ensslin hatte sich mit dem Lautsprecherkabel ihres Plattenspielers am Fenster ihrer Zelle erhängt. Nur Irmgard Möller, die sich mit einem gewöhnlichen Besteckmesser Stichwunden zugefügt hatte, überlebte den Suizidversuch.

Aber hatten sich die Anführer der RAF wirklich umgebracht? Waren sie nicht vielleicht ermordet worden, so unwahrscheinlich das angesichts der Umstände auch scheinen mochte? Hatte der Staat nicht allen Grund, sich der Männer und Frauen zu entledigen, die die Bundesrepublik wie niemals zuvor herausgefordert hatten?

Dazu kamen die unglaublichen Vorkommnisse im Sicherheitstrakt der Justizvollzugsanstalt: Die vier Häftlinge, die unter Kontaktsperre standen, hatten alle vom Ausgang der Entführung in Mogadischu erfahren. Sie waren in der Lage gewesen, sich daraufhin über einen kollektiven Selbstmord zu verständigen. Und wie waren die beiden Männer zu ihren Waffen gekommen? Wieso hatte niemand die Schüsse gehört, wo doch sogar eine Justizbeamtin in dem Stockwerk der Terroristen ein eigenes Dienstzimmer hatte? Auch keiner der anderen Häftlinge im sechsten Stock hatte die vier Schüsse gehört, die insgesamt abgefeuert wurden.

Hinzu kamen die Aussagen der einzigen Überlebenden, Irmgard Möller. Ihrer Schilderung zufolge hatte sie gegen fünf Uhr morgens ein Knallen und Quietschen gehört, als fiele etwas herunter. Das »Attentat« selbst, wie sie es nannte, habe sie nicht wahrgenommen, sie sei erst am Morgen auf der Bahre wieder zu sich gekommen. Eine Absprache zum Selbstmord unter den Häftlingen habe es nicht gegeben.

Um allen internationalen Mutmaßungen über zweifelhafte Vorkommnisse im Hochsicherheitstrakt von Stuttgart-Stammheim begegnen zu können, entschied die Bundesregierung, ausländische Gutachter einzusetzen, um die Todesfälle zu untersuchen. Nach der Obduktion ließen die fünf Gutachter mitteilen: »Die bisherigen Ermittlungen bei allen drei Toten sprechen nicht gegen Selbstmord, sondern lassen sich alle durch Selbstmord erklären.«

Der nach Bagdad geflohene Teil der RAF-Mitglieder hörte vom Ausgang der Flugzeugentführung und den Toten in

Stammheim. Für einige von ihnen war klar, dass das Ganze eine staatlich initiierte Hinrichtung gewesen war. Andere sprachen von einem Selbstmord als politischem Akt.

Die These vom Mord, mit dem die drei Stuttgarter RAF-Insassen staatlicherseits »erledigt« worden waren, verbreitete die »Rote Armee Fraktion« in ihren Verlautbarungen. Alle Indizien, die für Selbstmord sprachen, waren danach inszeniert, ebenso jede Ungereimtheit oder Schlamperei, die bei den Ermittlungen zutage trat. Und davon gab es genug, so dass sich ein breiter Raum für Spekulationen auftat. Wurden die Häftlinge also ermordet? Mit Schalldämpfern, die später entfernt wurden? Hatte daher niemand in der Haftanstalt Schüsse gehört?

Die Ermittlungen ergaben trotz aller Ungereimtheiten, dass die drei Terroristen Selbstmord begangen hatten. Aber hatte das Ergebnis nicht schon festgestanden, bevor die Ermittlungen überhaupt begonnen hatten? Die Aussagen der Überlebenden Irmgard Möller taten ein Übriges, um viele am Ergebnis zweifeln zu lassen. Und dann war da noch die Frage, ob die RAF-Insassen weiter abgehört wurden, nachdem es deswegen schon früher einen Skandal gegeben hatte. Dass die Häftlinge ein eigenes Kommunikationssystem aufgebaut hatten, ohne dass die Behörden davon Kenntnis gehabt haben sollen, schien mehr als unwahrscheinlich.

Neue Hinweise ergänzten das Bild, nachdem im Zuge der Auflösung der DDR und der deutschen Wiedervereinigung weitere Terroristen gefasst wurden, die in der DDR Unterschlupf gefunden hatten. Am wahrscheinlichsten ist, dass die RAF, durch die Stammheimer Todesfälle in eine Krise geraten, die Legende vom Mord nutzte, um den weiteren Kampf zu rechtfertigen. Die ehemaligen RAF-Mitglieder Brigitte Mohnhaupt und Peter Jürgen Boock hingegen waren schon am Morgen nach der Entdeckung der Leichen überzeugt, dass es sich um Selbstmord gehandelt hatte. Die beiden wussten auch, wie die Waffen in die Zellen gelangt waren: Zwischen den Aktendeckeln der Papiere, die die Anwälte zu ihren Terminen mit den Häftlingen in die Haftanstalt mitbrachten.

In den meisten Ermittlungsverfahren bleiben am Ende einige Details unklar. Dabei bildet der Fall der Toten von Stammheim keine Ausnahme. Das allein ist aber noch kein Grund, die Untersuchungsergebnisse anzuzweifeln. Ebenso wenig belegt die Mutmaßung, die Behörden hätten natürlich vertuschen wollen, dass Morde stattgefunden haben. Die Waffen von Baader und Raspe waren hinter einer Fußleiste beziehungsweise im Inneren eines Plattenspielers versteckt gewesen. In einer Zelle fand man ein kleines Transistorradio, durch das die Gefangenen vom Ausgang der Geschehnisse in Mogadischu hatten erfahren können. Der handwerklich geschickte Raspe hatte außerdem ein Kommunikationssystem zwischen den Zellen eingerichtet.

Ungeklärte Details, Ungereimtheiten und Platz für Spekulationen bleiben bestehen. Doch noch mehr als zur Zeit der Ermittlungen scheint heute die wahrscheinlichste Erklärung, dass die vier Häftlinge über ihre interne Kommunikationsanlage den kollektiven Selbstmord verabredet hatten, nachdem die RAF-Aktion in Mogadischu fehlgeschlagen war.

Hitler-Tagebücher

»Größte journalistische Sensation«?

Der ganze Schwindel währte eigentlich nur ein paar Tage, aber er hielt die gesamte Republik in Atem: Zwischen dem 25. April und dem 6. Mai 1983 musste der informierte Zeitungsleser und TV-Zuschauer davon ausgehen, findigen Journalisten des Hamburger Magazins »Stern« sei ein unglaublicher Coup gelungen: Die Entdeckung der Tagebücher Adolf Hitlers. Die jüngere deutsche Geschichte müsse neu geschrieben werden, verkündete das Magazin. Eine sensationelle Entdeckung wollte man gemacht haben. Am Ende aber stellte der Bundesinnenminister höchstselbst fest, dass es sich bei den vorliegenden Kladden zweifelsfrei um Fälschungen handele. Das Bundesamt für Materialprüfung und sogar das Bundeskriminalamt hatten Gutachten erstellt. Daraufhin ging die Auflage des Magazins um 150 000 zurück, der Konzern nannte die Affäre eine »schlimme Geschichte«, die Journaille wurde belächelt oder beschimpft. Und die Republik ging wieder zur Tagesordnung über.

Wie kam es nur, dass alle Beteiligten und für kurze Zeit auch die deutsche Öffentlichkeit glauben wollten, ein verspätetes Erbe des »Führers« sei aufgetaucht? Im Nachhinein lässt sich leicht spotten: Es gab bis dahin keine Hinweise darauf, dass Hitler überhaupt ein Tagebuch geführt hatte. Schon der auffällige Fehler, den Kunstledereinband statt mit den Initialen »AH« für Adolf Hitler mit dem Kürzel »FH« zu versehen, hätte die journalistischen Detektive zu Skepsis veranlassen sollen: Der umtriebige Fälscher hatte eine verschnörkelte Schrifttype zum Vorbild genommen, aber das F für ein A gehalten.

Oder die Tatsache, dass eher belanglose und längst bekannte Dinge vermerkt waren, aber keine Aufsehen erregenden Details aus der Gedankenwelt Hitlers oder gar brisante Informationen aus dem engsten Zirkel der Macht. Dazu kamen offiziell anmutende Eintragungen, die nicht zu einem Tagebuch passen. Und schließlich Begleitschreiben, angeblich von der NSDAP – geschrieben mit einer Schreibmaschine, deren Schrifttype erst Mitte der Fünfzigerjahre hergestellt wurde.

Vielleicht war es die aufregende und zunächst glaubwürdig klingende Herkunftsgeschichte, die vortrefflich als Köder wirkte. Ein privat an antiquarischen NS-Devotionalien interessierter Redakteur des »Stern«, Besitzer der einstigen Yacht Görings, hatte bereits 1980 das Angebot erhalten, einen Band der angeblich aufgetauchten Hitler-Tagebücher zu kaufen. Davon gebe es noch mehr, hieß es, die brisante Fracht eines kurz vor Kriegsende bei Dresden abgestürzten Flugzeugs mit Kisten aus der Berliner Reichskanzlei an Bord habe aus 27 Bänden bestanden. Man wolle sie in Klaviertransporten für den Westen nach und nach aus der DDR herausschmuggeln. Ein hoher Offizier der Volksarmee sei an der Angelegenheit beteiligt.

Der Journalist witterte eine große Sache. Der Verlag beauftragte ihn, sich an die Erfolg versprechende Geschichte zu machen und stellte eine größere Summe Geldes dafür bereit. Angesichts verschiedener bestätigend verlaufender Nachforschungen zur Herkunftsgeschichte glaubte man, es handele sich tatsächlich um authentisches Material. Bei einem Treffen mit dem »süddeutschen Sammler« einigte man sich auf einen (vorläufigen) Kaufpreis für die (vorerst) 27 Bände: 1,6 Millionen Deutsche Mark.

Bei dem vermeintlichen Sammler handelte es sich, wie sich später herausstellte, um einen umtriebigen Kunstfälscher aus Stuttgart, ein Sachse namens Konrad Kujau, der vor dem Mauerbau in den Westen übergesiedelt war.

Erste Zweifel an der Echtheit der Tagebücher ergaben sich lange, bevor die Titelstory des »Stern« erschien. Aber Verlag und Magazin wollten wohl an die große Entdeckung glauben – wegen der Sensation, wegen des Geldes, wegen der Faszination, Akteure in einer so unglaublichen Enthüllungsgeschichte zu sein. Oder war die Sache schlichtweg nicht mehr aufzuhalten? Jedenfalls erklärte man sich alle Ungereimtheiten, so dass die Authentizität der vermeintlichen Dokumente nicht in Frage gestellt werden musste. Kujau hatte außer den Tagebüchern zusätzliches Begleitmaterial produziert, das als Echtheitsbeleg für die eigentliche Ware dienen sollte.

In einer Pressekonferenz zum Heft Nummer 18, 1983, am 25. April 1983 erfuhr die überraschte Öffentlichkeit von der Entdeckung. Zwar äußerten Fachleute umgehend ihre Zweifel, andere hielten einen solchen Fund jedoch durchaus für möglich. Hatte der Fälscher so gute Arbeit geleistet? Oder bestärkte die Angelegenheit ein deutsches Trauma - das ewige Nachleben der verbrecherischen eigenen Vergangenheit?

Kujau kannte sich zwar einigermaßen aus in der jüngeren deutschen Geschichte, besaß aber offenbar nicht das intellektuelle Format oder den Anspruch, der äußeren Fälschung auch inhaltlich etwas zur Seite zu stellen. Er verließ sich auf nachprüfbare Details, auf Kalenderdaten und harmlose Beschreibungen. Selbst wenn niemand der Fälschungsaktion auf die Schliche gekommen wäre - der Inhalt der Bücher hätte wenig Grundlage geboten, die Geschichte umzuschreiben. Nur dass Hitler die Ausschreitungen der Reichskristallnacht missbilligt und vom legendären Englandflug seines Stellvertreters Rudolf Heß vorab Kenntnis gehabt habe, wollte der Fälscher Glauben machen. Nicht viel für 62 Bände Tagebücher und über neun Millionen Mark. Aber dem Fälscher war auch nicht viel Zeit für seine Arbeit geblieben, denn die ganze Sache hatte sich schnell aufgebläht durch die zur Eile antreibenden Wünsche des Magazins, denen Kujau flugs nachkam - so dass er später vor Gericht von einer »Explosion des Fleißes« sprach.

Das Kartenhaus der Betrüger stürzte schnell ein. Kujau selbst hatte nach späterer Aussage ohnehin nie damit gerechnet, dass die Sache so weit gedeihen würde. Er wurde verhaftet, ebenso der »Stern«-Reporter, der die Sache verfolgt hatte. Sie wurden wegen Betrugs und Urkundenfälschung zu jeweils mehr als vier Jahren Haft verurteilt. Dass an diesem Medienskandal aber auch die Medien selbst schuld waren, die allzu leichtgläubig und auf der Suche nach Sensation und Auflage einer eher mäßigen Fälschung auf den Leim gingen, liegt auf der Hand. Aber dazu bedurfte es auch einer Öffentlichkeit, die mit solchen Sensationen gefüttert werden will. Dieser Skandal sagt viel über die alte Bundesrepublik und ihre »Informationsgesellschaft« aus - so viel, dass der Regisseur Helmut Dietl den Stoff verfilmte. 1992 wurde »Schtonk« ein Kassenerfolg in den deutschen Kinos und brachte es sogar zu einer Oscar-Nominierung für den besten ausländischen Film.

Berlin-Jubiläum

Mogelpackung 750-Jahr-Feier?

1987 wurde auf beiden Seiten der damals noch existierenden Berliner Mauer ein großes Stadtjubiläum gefeiert. West- und Ostberlin hatten sich auf ein Geburtstagsdatum geeinigt, um die Feierlichkeiten ausrichten zu können.

Neben all den feierlichen Worten und Gesten gab es aber auch kritische Stimmen, die Zweifel an der Korrektheit des begangenen Datums äußerten. Das mag mit der Berliner Marotte zusammenhängen, die Dinge gerne schlecht zu reden, insbesondere dann, wenn es um die eigene Stadt geht. Völlig grundlos waren die Vorbehalte jedoch nicht.

Im Allgemeinen feiern Städte ihre Jubiläen an Gründungsdaten, zumeist dem Tag der Verleihung des Stadtrechtes. Eine Besiedlung beginnt zwar, bevor ein Ort zur Stadt wird, aber die amtliche Bestätigung und Verleihung von Stadtprivilegien ist ein guter Anlass für Feierlichkeiten. Hier jedoch ergibt sich für die Stadt Berlin ein Problem: Es gibt keine Urkunde über die Verleihung des Stadtrechtes durch die brandenburgischen Landesherren, die Askanier. Vermutlich ist sie schon 1380 beim Brand des Berliner Rathauses zerstört worden. Aber auch andere Urkunden oder Chroniken überliefern nicht, wann Berlin eigentlich gegründet wurde.

Man behalf sich mit der frühesten erhaltenen Erwähnung der Stadt: Aus dem Jahr 1338 existiert eine Urkunde, die einen Abgabenstreit zwischen dem Bischof von Brandenburg und den askanischen Markgrafen beilegte. Der Papst hatte in diesem so genannten »Brandenburgischen Zehntstreit« erfolgreich vermittelt. In dieses Dokument wurde ein Vertrag eingepasst, der das Datum des 28. Oktober 1237 trägt. Darin werden Zeugen aufgeführt, ohne die eine rechtsverbindliche Urkunde im Mittelalter nicht auskam. Einer der Zeugen ist Pfarrer Simeon von Kölln. Kölln und Berlin bildeten damals als Doppelstadt eine Einheit, und so nahm man den Ausstellungstag des Vertrages als Gründungsdatum Berlins und als Rechtfertigung für die aufwändigen Feiern, die Berlin 1987 ausrichtete.

Aber ist das auch korrekt? Man mag den Berliner Stadtvätern zugute halten, dass sie sich in Ermangelung eines eindeutigen Gründungsdatums der Stadt auf einen Zeitpunkt festlegen mussten. Andernfalls hätte Berlin kein Jubiläum feiern können.

Wann genau Berlin und Kölln überhaupt erstmals besiedelt wurden, ist nämlich bis heute nicht geklärt. Historiker und Archäologen vermuten dafür den Zeitraum zwischen 1200 und 1230. Unter der ältesten Kirche Berlins, der Nikolaikirche im gleichnamigen Viertel, befinden sich Fundamente einer vergleichsweise großen Steinbasilika, die wahrscheinlich bereits um 1220 errichtet wurde. Darunter wiederum liegen die Überreste eines Friedhofs, was vermuten lässt, dass eine erste Besiedlung noch weiter zurückliegt. Nun gab es aber neben Berlin auch Kölln, die Schwesterstadt auf der südlichen Spreeinsel (heute Fischerinsel). Kölln wird in der oben genannten Urkunde 1237 erwähnt, Berlin jedoch erst 1244. Als Stadt lässt sich Berlin sogar erst für 1253 nachweisen, denn aus diesem Jahr stammt das älteste erhaltene Stadtsiegel mit dem brandenburgischen Adler und einem Stadttor mit drei Türmen darauf. Das Siegel findet sich auf einer Urkunde, mit der Frankfurt/Oder das Stadtrecht nach Berliner Vorbild verliehen wird. Wäre nicht dieser erste wirkliche Nachweis der Stadt Berlin als Jubiläum korrekter gewesen? Oder 1247, als die Holzpalisaden, die Berlin und Kölln umgaben, von der ersten Stadtmauer aus Feldstein abgelöst werden? Andererseits geht es bei der Erwähnung Berlins 1244 um einen Propst von Berlin namens Symeon. Dieser Titel wiederum lässt vermuten, dass Berlin damals bereits Stadt war.

Man könnte Berlin ebenso gut deutlich jünger machen. Bis

zum Anfang des 18. Jahrhunderts nämlich waren Berlin und Kölln streng genommen zwei selbstständige Städte, die erst seit 1709 zusammen mit drei Neustädten Berlin bildeten. Dann wieder ist bereits die mittelalterliche Doppelstadt Kölln-Berlin institutionell vor allem nach außen als Einheit aufgetreten und wahrgenommen worden: Neben den beiden Rathäusern der Teilstädte gab es, zwischen den beiden Städten gelegen, ein gemeinsames Rathaus. So gesehen wäre das Jahr 1307 ein würdiges Geburtsdatum, in dem dieses Rathaus errichtet wurde. Oder noch früher, nämlich 1280, als man begann, Berliner Münzen zu prägen? Die Sache wird umso verwirrender, je länger man nach einer eindeutigen Lösung sucht.

Denn wer wiederum Berlin so alt und würdig wie nur möglich machen will, könnte versucht sein, Spandau und Köpenick heranzuziehen. Beides sind heute Bezirke der deutschen Hauptstadt, waren aber bis 1920 selbstständige Städte. Und als solche sind beide älter als Berlin und Kölln: Spandau wird immerhin bereits 1197 erwähnt.

Aber keines der anderen in Frage kommenden Daten ist eindeutiger als das des 28. Oktober 1237. Berlin wird also vermutlich auch weiterhin mit diesem »Geburtstag« gut leben können, auch wenn sich weiter trefflich darüber streiten lässt.

Der Fall der Mauer

»Wahnsinn« aus Zufall?

Der 9. November 1989 ist zweifellos eines der herausragenden Ereignisse der jüngsten deutschen Geschichte. Die Faszination der unerwarteten Maueröffnung rührt sicher auch daher, dass diese Tage in der Erinnerung noch sehr lebhaft sind. Wie in den USA für den Tag der Ermordung Kennedys, ist es noch heute in Ost und West sehr beliebt zu fragen: »Wie hast du den 9. November 1989 erlebt?«

Nicht umsonst war der Ausspruch »Wahnsinn!« die Parole jener Tage. Und wie es mit außergewöhnlichen und schnellen Entwicklungen so geht, setzt bereits in ihrem Nachhall die Mythenbildung ein. Im Falle der Ankündigung der Grenzöffnung war dies allein deshalb unausweichlich, weil die Umstände ganz offensichtlich chaotisch und die Auswirkungen spontan und unkontrollierbar waren.

Was genau passierte also am 9. November 1989 in Ostberlin, in den Führungsebenen der DDR, bevor sich die Grenze um 23.30 Uhr als Erstes am Grenzübergang Bornholmer Straße zwischen den Bezirken Wedding und Prenzlauer Berg öffnete? Und völlig überforderte Grenzsoldaten ohne klare Anweisungen nur noch auf den Druck der Volksmassen reagieren konnten und die Sperren hoben? Wie kam es kurz vor 19.00 Uhr am Ende einer internationalen Pressekonferenz und live im DDR-Staatsfernsehen dazu, dass Politbüro-Mitglied Schabowski stockend über die Entscheidung der SED-Führung informierte, den Bürgern der DDR Privatreisen ins Ausland ohne größere Beschränkungen »kurzfristig« zu erlauben? Auf die Frage eines italienischen Journalisten, wann diese Regelung in Kraft trete, blätterte Schabowski in seinen Papieren und antwortete sehr unsicher: »Das tritt ... nach meiner Kenntnis ist das ... sofort, unverzüglich.« Knapp acht Minuten später ist die Pressekonferenz beendet und die Welt um eine Sensation reicher.

Günter Schabowski und Honecker-Nachfolger Egon Krenz behaupteten bald darauf, bei der überraschenden TV-Ankündigung der »neuen Reiseregelungen« in konkreter Absicht gehandelt zu haben. So und nicht anders sei es geplant gewesen. Der oppositionelle Pfarrer Schorlemmer verstand die Ereignisse als letzte Rache der SED, die damit die Bürgerrechtler der DDR um ihre Revolution betrog. Oder hatte die Stasi beziehungsweise gar der russische GB die Hand mit im Spiel? Hatten Stasi-Mitarbeiter Schabowski während der Konferenz den fraglichen Zettel zugeschoben, den er dann entsprechend holprig verlas, ohne zu wissen, welche Lawine er damit lostrat? Oder verursachte ein nackter Zufall die Grenzöffnung und die darauf folgende Kettenreaktion und wurde so zur Grundlage für das aufregendste Kapitel deutscher Geschichte am Ende des 20. Jahrhunderts?

Im Nachhinein erscheint die Verlesung der neuen Reisebestimmungen wie der Griff nach der untersten Karte eines fragilen Kartenhauses. Die Dynamik der Ereignisse, ausgelöst durch die spärlichen, trockenen Sätze Schabowskis, war anschließend nicht mehr aufzuhalten, das Ende der DDR war eingeleitet.

Aber weder die DDR-Staatssicherheit, noch der KGB oder die sowjetische Führung hatten ihre Hände im Spiel. Zwar war Gorbatschows Perestroika eine wichtige Voraussetzung für die erstarkende Opposition und die zunehmend schwächere Machtposition der SED. Immerhin hatte Gorbatschow kurz vor der Grenzöffnung, am 40. Jahrestag der Gründung der DDR, unmissverständlich klar gemacht, wen das Leben bestrafe: den, der zu spät kommt, in diesem Falle vor allem Honecker zusammen mit einer reformunfähigen Führungsclique. Auch dass die Sowjetunion eine etwaige »chinesische« Lösung mit militärischen Mitteln nicht unterstützen würde, hatte der Staatschef der UdSSR deutlich gemacht. Von den Ereignissen am Abend des 9. November war die Führung der Sowjetunion aber ebenso überrascht wie die Bundesregierung und die Regierung Westberlins. Mit der Sowjetunion waren andere Wege abgesprochen gewesen, in denen es um die endgültige Ausreise von DDR-Bürgern in die Bundesrepublik ging - nicht um Freizügigkeit für alle. Man wollte das Problem der massenhaften Ausreise über Drittländer des Warschauer Paktes lösen. Außerdem bedeutete die Öffnung der Mauer für Moskau - im Unterschied zur deutsch-deutschen Grenze - eine klare Verletzung noch immer bestehender alliierter Rechte für Berlin.

Und wie reagierte die Bundesrepublik? In die Freude im Bonner Bundestag wie im Westberliner Rathaus Schöneberg mischte sich Besorgnis angesichts der unabsehbaren Konsequenzen aus der überstürzten Entscheidung und der organisatorischen Herausforderungen der kommenden Tage.

Der Fall der Mauer war eine Art Zufallsprodukt sich überstürzender Ereignisse, auf die die Noch-Entscheidungsträger der DDR im eigenen Sinne nicht mehr reagieren konnten. Keiner der Beteiligten in der SED-Spitze hatte gewollt, was nach Schabowskis Pressekonferenz geschah: Man hatte nichts anderes beabsichtigt, als den Überdruck im eigenen Land mit einem Ventil auszugleichen. Die anzukündigenden Reiseregelungen für alle DDR-Bürger sollten einigermaßen einfach, aber eben geregelt, die ständige und vorübergehende Ausreise gestatten. Das hatte das Zentralkomitee der SED am Nachmittag des 9. November beschlossen. Ab dem 10. November sollten jene »ständigen Ausreisen« in die Bundesrepublik, die seit kurzem über Ungarn und die Tschechoslowakei möglich waren, auch über die deutsch-deutsche Grenze gestattet werden. Privatreisen auf Wiederkehr aber sollten bis zur Verabschiedung eines Reisegesetzes nur mit Reisepass und einem Visum möglich sein. Man hatte sich ausgerechnet, dass der Behördengang Zeit kosten würde und daher nicht unmittelbar mit einem Ansturm auf die Grenze gerechnet werden müsste. Außerdem besaßen die meisten DDR-Bürger gar keinen Reisepass. Darüber hinaus sollte es eine Sperrfrist für diese Meldung geben: den Morgen des 10. November, einen gewöhnlichen Arbeitstag. So wäre genug Zeit geblieben, Behörden, Pass- und Meldestellen sowie die Grenztruppen rechtzeitig zu informieren und Weisungen zu erteilen. Mit einem Satz: Man hatte sich vorgestellt, die neuen Regelungen würden wie gewohnt ihren sozialistischen Gang gehen und die bloße Aussicht auf Reiseerleichterungen würde ausreichen, um die Menschen zu beruhigen.

Aber es kam anders. An der ZK-Sitzung hatte Schabowski nur mit Unterbrechungen teilgenommen. Unmittelbar vor der angesetzten internationalen Pressekonferenz um 18.00 Uhr erhielt er von Egon Krenz den Entwurf des neuen Gesetzes, um es den Medien kurz vor Ende der Konferenz zu präsentieren – ohne das Papier gelesen zu haben. Bis kurz vor 19.00 Uhr verlief die Pressekonferenz ohne jegliche Vorkommnisse. Erst als besagter italienischer Korrespondent seine Frage zum angekündigten Reisegesetz stellte, begann die große Verwirrung. Weil Schabowski den neuesten Entwurf des Gesetzes nicht kannte und in seinen fahrigen Erklärungen nicht klar genug zwischen den Regelungen für dauerhaft Ausreisewillige und einer generellen Freizügigkeit für DDR-Bürger unterschied, musste die versammelte Presse zu der Ansicht gelangen, die DDR habe die Öffnung ihrer Grenzen beschlossen. Schabowskis Aussage, die neuen Regelungen träten mit sofortiger Wirkung in Kraft, tat ein Weiteres, um die Ereignisse zu beschleunigen. Die Tagesschau berichtete »DDR öffnet Grenze«, und bald fuhren die ersten DDR-Bürger zur Grenze, um die angekündigten Bestimmungen auf eigene Faust umzusetzen.

Währenddessen tagte das Politbüro weiter, ohne Kenntnis dessen, was draußen geschah. Wer immer Entscheidungen hätte treffen können, um den Auswirkungen der Pressekonferenz entgegenzutreten, war nicht verfügbar. Als die Sitzung gegen 21.00 Uhr beendet wurde, war es zu spät, um die Lage noch in den Griff zu bekommen. Die Grenztruppen sahen sich allein gelassen – ohne Direktiven von oben, wie sie mit der unerwarteten Situation umgehen sollten. So öffneten sich die ersten Übergänge, und gegen Mitternacht tanzten die ersten Berliner auf der Mauer am Brandenburger Tor.

Deutsche Einheit

»Ich war der Erste«?

Am 20. September 1991 stürzte der französische Staatspräsident François Mitterrand Bundespräsident Richard von Weizsäcker in einige Verlegenheit. Fast ein Jahr nach der deutschen Wiedervereinigung besuchten die beiden Weimar, und bei dieser Gelegenheit äußerte Mitterrand öffentlich und mit großer Geste: »Ich war der Erste, der die deutsche Einheit unterstützt hat.« Warum musste sich der deutsche Gastgeber gut überlegen, wie er darauf reagieren sollte?

Offizielle diplomatische und politische Losungen haben schon in den wenigen Jahren nach dem so genannten Mauerfall und der deutschen Wiedervereinigung manchmal verklärt, manchmal verdreht, was damals eigentlich geschah und, vor allem, wer dabei welche Rolle spielte. Da die Hauptakteure der bewegten Zeit nach dem 9. November 1989 zum großen Teil von der politischen Bühne abgetreten sind, haben sie mit ihren Lebenserinnerungen an dem Bild, das die Geschichte einst von ihnen zeichnen wird, eifrig mitgemalt. Und natürlich kennt die Eitelkeit der Politiker keine Grenzen. Wer will schon zugeben, eine historische Situation und ihr Potenzial völlig falsch eingeschätzt zu haben? Oder eingestehen, dass persönliche Überzeugungen so stark waren, dass sie es unmöglich machten, auf die rasante Entwicklung der Jahre 1989/90 weitsichtig und ohne Egoismus zu reagieren? So feilen historische Persönlichkeiten in ihren Darstellungen der jüngeren Vergangenheit schon zu Lebzeiten an der eigenen Person – und stricken mitunter auch künftige Legenden.

Eigentlich muss sich im Nachhinein niemand schämen,

denn die Veränderungen in Europa vollzogen sich 1989/90 mit einer Geschwindigkeit, die jeden Zeitgenossen schwindeln lassen musste. Eine Wiedervereinigung Deutschlands, die nach Öffnung der Mauer zunächst nur in weiter Ferne möglich schien, rückte nach wenigen Wochen in greifbare Nähe. Die politischen Führer der unmittelbar betroffenen Länder, die Alliierten des Zweiten Weltkrieges und Nachbarländer wie Polen, erkannten unterschiedlich schnell, dass die Dynamik der Ereignisse kaum aufzuhalten war, zumal die deutsche Diplomatie äußerst geschickt damit umzugehen verstand. Schon im Januar 1990 war es so weit, dass auch die Sowjetunion unter Michail Gorbatschow den Deutschen nicht nur zugestand, über die Option einer staatlichen Einheit frei zu entscheiden, sondern auch zu wählen, welchem Bündnis das wiedervereinigte Land angehören sollte.

Margaret Thatcher beschreibt in ihren Memoiren vergleichsweise freimütig ihre Politik zwischen dem 9. November 1989 und dem 3. Oktober 1990. Sie macht keinen Hehl aus ihrem Versuch, die Vereinigung von DDR und BRD zu verhindern - oder wenigstens erheblich zu verzögern. Die frühere Premierministerin Großbritanniens macht dafür strategische Erwägungen geltend und die Gefahr, die ihrer Ansicht nach Gorbatschow und seiner Perestroika drohte, wenn ein wiedervereinigtes Deutschland in das westliche Bündnissystem integriert würde.

Kein Staatschef würde in seinen Memoiren zugeben, dass psychologische Aspekte seine Handlungen beeinflussten. Oder bloße Konkurrenz Ländern den Umgang miteinander schwierig machen. Und schon gar nicht, dass persönliche Sympathien eine maßgebliche Rolle in der Geschichte spielen können. Margaret Thatcher verstand sich aber nun einmal besonders gut mit Gorbatschow, um den sie im Sog der Entwicklungen Angst hatte. Ihr Verhältnis zu Helmut Kohl und George Bush war erheblich kühler.

Margaret Thatcher sah in François Mitterrand einen Partner in ihrem Versuch, nicht einfach zu akzeptieren, was sich in Deutschland abzeichnete. In ihren Memoiren beschreibt die Britin, wie groß die Ängste und Vorbehalte der beiden Regierungschefs waren. Mitterrand verärgerte die bundesdeutsche Regierung, weil er als einziges Regierungsoberhaupt an einem geplanten Staatsbesuch in Ostberlin kurz vor Weihnachten 1989 festhielt und so die Existenz eines Staates unterstützte, den es Monate später nicht mehr geben würde. Zuvor hatte er zwar das Selbstbestimmungsrecht der Deutschen anerkannt - aber ausdrücklich in zwei Staaten. Die Einheit stehe im Übrigen keineswegs unmittelbar bevor, ließ er verlauten. Aber er enttäuschte trotzdem die Hoffnungen von Margaret Thatcher, denn seine Politik richtete sich schließlich doch am Unvermeidlichen aus: Die staatliche Einheit Deutschlands war nicht mehr aufzuhalten. Thatcher fand seine Haltung »schizophren«.

In Wahrheit war es wohl so, dass die Regierungschefs, vor allem in London und Paris, den europäischen Status quo so lieb gewonnen hatten, dass es ihnen ungemein schwer fiel, sich eine so grundlegend veränderte Lage in Europa anders als gefährlich vorzustellen. Die Bundesrepublik drohte das sorgfältig austarierte Gleichgewicht in Europa empfindlich zu stören, wenn sie plötzlich um knapp zwanzig Millionen Einwohner anwuchs - ganz zu schweigen vom vergrößerten Territorium. Die Amerikaner sahen die Ereignisse entspannter und mit sehr viel mehr Pragmatismus. Als die Sowjetunion Deutschland die freie Bündniswahl zugestand und die Gefahr eines neutralen Riesen in der Mitte Europas gebannt war, fügten sich Frankreich und Großbritannien. Zudem hatten die Institutionen der EG unmissverständlich klar gemacht, dass sie die Wiedervereinigung vorbehaltlos begrüßten. Die Kohl-Regierung bemühte sich überdies erfolgreich, die Europatreue eines vereinigten Deutschland zu beschwören, was zwar nicht die Europa-Skeptikerin Thatcher, wohl aber Mitterrand beruhigte.

Trotzdem betrieb der französische Präsident Geschichtsklitterung, als er in Weimar kühn behauptete, Pionier zu sein unter den Befürwortern der deutschen Einheit. Dazu wurde er erst, nachdem er eingesehen hatte, dass der 3. Oktober 1990 nicht mehr zu verhindern sein würde.

Und wie reagierte nun Weizsäcker auf die sprachliche Akrobatik des französischen Präsidenten? Er antwortete ausgesprochen diplomatisch, in dem er das »frühzeitige und zupackende Engagement« des westlichen Nachbarn im Osten Deutschlands würdigte. Damit verwies er auf die französische Wirtschaft, die tatsächlich zu jener Zeit in den neuen Ländern erheblich investierte.

Einigungsvertrag

»Bauernland bleibt in Bauernhand«?

Mitte der Neunzigerjahre erregten Äußerungen des ehemaligen und letzten sowjetischen Staatschefs Michail Gorbatschow einiges Aufsehen. In Interviews und politischen Erinnerungen an die Zeit zwischen dem Fall der Mauer und der deutschen Wiedervereinigung erklärte sich Gorbatschow noch einmal zur Frage der Enteignungen, die unter sowjetischer Besatzung auf dem Gebiet der DDR vorgenommen wurden. Im Einigungsvertrag der beiden deutschen Teilstaaten wurde festgelegt, dass die zur Zeit der sowjetischen Militärherrschaft vorgenommene Umverteilung rechtskräftig bleiben und nicht rückgängig gemacht werden solle. Ohne diesen Passus hätte Moskau dem Vertrag nicht zugestimmt, ließ die Bundesregierung erklären.

Diese Frage birgt noch immer erhebliche innenpolitische Brisanz und taucht weiter in der Tagespolitik auf, weil sie von vielen - zumal früheren Eigentümern - als ungerecht wahrgenommen wird. Schon während der Verhandlungen war dieses Thema auch im Regierungslager sehr umstritten diskutiert worden. Die Äußerungen Gorbatschows zogen neuerliche Proteste von ehemaligen Besitzern nach sich. Zum zweiten Mal nach 1991 befasste sich das Bundesverfassungsgericht 1996 damit und bestätigte erneut die Rechtskraft der Regelung, dass die Umwandlung in Volkseigentum unumkehrbar ist. DDR und Sowjetunion hätten sie zur Bedingung für die Einheit gemacht.

Gorbatschow jedoch schreibt in seinem Buch »Wie es war« und wiederholte dies auch in Interviews, dass die Regierung der Sowjetunion die Frage der Enteignungen nie zu einer Bedingung gemacht habe, der deutschen Einheit zuzustimmen. Diese Frage sei »zwischen den Deutschen« verhandelt worden.

In der Tat war es der DDR-Ministerpräsident Hans Modrow, der als Erster auf die Enteignungsfrage hingewiesen und noch im Dezember 1989 betont hatte, an diesen Eigentumsregelungen dürfe nicht gerüttelt werden. Das Ziel, die Eigentumsverhältnisse in der DDR im Ganzen zu großen Teilen unverändert zu belassen, wurde später im Zuge der Beitrittsverhandlungen aufgegeben. Es kam, wie bei solchen Verhandlungen nicht anders zu erwarten, zu Kompromissen. In der Frage der sowjetischen Enteignungen jedoch blieb auch die folgende Regierung de Maizière hart.

Hans Modrow hatte Anfang März 1990 die sowjetische Regierung auf dieses Problem hingewiesen und um Unterstützung gebeten. In der Folge zogen Ostberlin und Moskau in dieser Frage an einem Strang - aus vergleichbaren Motiven. Die DDR-Regierung wollte im Interesse der eigenen Bevölkerung verständlicherweise verhindern, dass die Eigentumsverhältnisse im großen Stil revidiert würden. Der sowjetischen Führung ging es um die eigene Innenpolitik: Angesichts der schwierigen Lage der Perestroika und der Tatsache, dass in weiten Kreisen der russischen Öffentlichkeit die Einigungsverhandlungen ohnehin als Ausverkauf russischer Interessen wahrgenommen wurde. Eine Revision der durch die russische Militärregierung vorgenommenen Enteignungen wäre Wasser auf den Mühlen der Kritiker gewesen, die die Einigungsverhandlungen und Zwei-plus-Vier-Gespräche der beiden deutschen Staaten und der Siegermächte des Zweiten Weltkrieges mit großer Skepsis verfolgten.

Möglicherweise also trügt Michail Gorbatschow die eigene Erinnerung - was angesichts der Geschwindigkeit, mit der sich die Ereignisse damals vollzogen, nicht verwunderlich wäre. Fest steht, dass die Frage der Enteignungen zu keinem Zeitpunkt Gegenstand der Verhandlungen zwischen Michail Gorbatschow und Helmut Kohl waren. Allerdings waren sie es in den Gesprächen zwischen den Außenministern Genscher und Schewardnadse sowie auf anderen Verhandlungsebenen.

Eine Fülle von Verlautbarungen und Dokumenten belegt, dass die sowjetische Seite die ostdeutsche Position vertrat. In diesen Quellen finden sich Formulierungen wie »absolut unannehmbar« im Zusammenhang mit einer möglichen Revision der unter sowjetischer Militärherrschaft vorgenommenen Umverteilung.

Eine andere Frage ist allerdings, ob Moskau hierin eigene Interessen vertrat oder der Bitte um Unterstützung seitens der DDR-Regierung entsprach. Die heutige Kritik an der Regelung der Enteignungsfrage mit dem Verweis auf die jüngeren Verlautbarungen Gorbatschows lässt die Interessen der DDR-Delegation außer Acht. Über das Ausmaß der Unterstützung durch Moskau kann man angesichts der widersprüchlichen Erklärungen der Hauptakteure nur spekulieren.

Der gesamte Bereich der »offenen Vermögensfragen« war ein sensibler und schwieriger Teil der deutsch-deutschen Verhandlungen zum Einigungsvertrag. Dabei ging es nicht nur um Änderungen der Besitzverhältnisse vor der Gründung der DDR, sondern auch um Enteignungen und den Umgang mit den daraus entstandenen Besitzverhältnissen seit 1949. Sicher ist, dass die nach schwierigen Verhandlungen ausgearbeitete Kompromisslösung in der Frage der Enteignungen nach 1949 einer Zweidrittel-Mehrheit der DDR-Volkskammer bedurfte. Und die hätte sie nicht bekommen, wenn die Umverteilungen vor 1949 dadurch zu Disposition gestanden hätten.

Plakat zur Bodenreform in der Sowjetischen Besatzungszone

Literaturempfehlungen

Allgemeines

Benz, Wolfgang (Hg.): *Legenden, Lügen, Vorurteile. Ein Lexikon zur Zeitgeschichte*, München 1990.

Corino, Karl (Hg.): *Gefälscht! Betrug in Politik, Literatur, Wissenschaft, Kunst und Musik*, Nördlingen 1988, Frankfurt/Main 1990.

Fälschungen im Mittelalter, 5 Bände, Hannover 1988-90.

Fried, Johannes: »Wissenschaft und Phantasie. Das Beispiel der Geschichte«, *Historische Zeitschrift* 263 (1996), S. 291-316.

Grafton, Anthony: *Fälscher und Kritiker. Der Betrug in der Wissenschaft*, Berlin 1991.

Hertslet, Wilhelm Lewis: *Der Treppenwitz der Weltgeschichte. Geschichtliche Irrtümer, Entstellungen und Erfindungen*, Berlin

Keil, Lars-Broder/Sven Felix Kellerhoff: *Deutsche Legenden. Vom ›Dolchstoß‹ und anderen Mythen der Geschichte*, Berlin 2002.

Pause, Gerhard: *Niemand hat Kolumbus ausgelacht. Fälschungen und Legenden der Geschichte richtiggestellt,* Düsseldorf/Wien 1976.

Zeitrechnung: Das mysteriöse Jahr null

Borst, Arno: *Computus - Zeit und Zahl in der Geschichte Europas*, Berlin 1990.

Maier, Hans: *Die christliche Zeitrechnung*, Freiburg i. Br. 1991.

Wendorff, Rudolf: *Tag und Woche, Monat und Jahr. Eine Kulturgeschichte des Kalenders*, Opladen 1993.

Die Schlacht im Teutoburger Wald: Kein Ort - kein Held?

Bökemeier, Rolf: *Der Untergang der römischen Legionen im Teutoburger Wald*, Tübingen 2000.

Krüger, Bruno: *Die Schlacht im Teutoburger Wald*, Berlin 1987.
Völker, Werner: *Als die Römer frech geworden. Die Schlacht im Teutoburger Wald*, Berlin 1981.

Siegfried: »Hanswurst« oder »Lichtgott«?

Heinzle J./A. Waldschmidt: *Die Nibelungen - ein deutscher Wahn, ein deutscher Alptraum*, Frankfurt/Main 1991.
Storch, Wolfgang (Hg.): *Die Nibelungen. Bilder von Liebe, Verrat und Untergang*, München 1987.

Karl der Große: »Größte Zeitfälschung der Geschichte«?

Fößel, Amalie: »›Karl der Fiktive, genannt Karl der Große‹. Zur Diskussion um die Eliminierung der Jahre 614 bis 911 aus der Geschichte«, *Mittelalter* 4 (1999) 2, S. 65-74.
Hägermann, Dieter: *Karl der Große. Herrscher des Abendlandes*, Frankfurt/Main u. a. 2000.
Illig, Heribert: *Das erfundene Mittelalter*, Düsseldorf 1996.
Schieffer, Rudolf: »Ein Mittelalter ohne Karl den Großen, oder: Die Antworten sind jetzt einfach«, *Geschichte in Wissenschaft und Unterricht* 10 (1997), S. 611-617.

Päpstin Johanna: Skandal auf dem Papstthron?

Döllinger, J. von: *Die Papstfabeln des Mittelalters*, Stuttgart 1890, S. 1-45.
Gössmann, Elisabeth: *Mulier Papa. Der Skandal eines weiblichen Papstes. Zur Rezeptionsgeschichte der Gestalt der Päpstin Johanna*, München 1994.
Herbers, Klaus: »Die Päpstin Johanna. Ein kritischer Forschungsbericht«, *Historisches Jahrbuch* 108 (1988), S. 174-196.

Das Jahr 1000: »... heia, geht die Welt zugrund«

Brendecke, Arndt: *Die Jahrhundertwenden. Eine Geschichte ihrer Wahrnehmung und Wirkung*, Frankfurt/Main 1999.
Brüggemeier, Franz-Josef/Wolfgang Schenkenhuhn (Hg.): *Die Welt im Jahr 1000*, Freiburg 2000.
Fried, Johannes: »Endzeiterwartungen um die Jahrtausendwende«, *Deutsches Archiv zur Erforschung des Mittelalters* 45 (1989), S. 381-473.

Bußgang nach Canossa: Königliche Niederlage?
Blumenthal, Uta-Renate: *Gregor VII. Papst zwischen Canossa und Kirchenreform*, Darmstadt 2001. FMI
Kämpf, Hellmut (Hg.): *Canossa als Wende. Ausgewählte Aufsätze zur neueren Forschung*, Darmstadt 1963.

Keuschheitsgürtel: Ausgeburt männlicher Eifersucht?
Brunner, J. J.: *Der Schlüssel im Lauf der Zeit*, Bern 1988.
Dingwall, E. J.: *The Girdle of Chastity*, London 1931.
Grapow, F.: »Der Keuschheitsgürtel«, *Geschlecht und Gesellschaft* 6 (1911), S. 289-307.

Kreuzzüge: »Gott will es«?
Erbstösser, Martin: *Die Kreuzzüge. Eine Kulturgeschichte*, Leipzig 1977.
Mayer, Hans Eberhard: *Geschichte der Kreuzzüge*, Stuttgart 1995.
Runcimen, Steven: *Geschichte der Kreuzzüge*, München 1989.

Friedrich Barbarossa: »... und wird einst wiederkommen«?
Friz, Diana Maria: *Wo Barbarossa schläft - Der Kyffhäuser. Der Traum vom Deutschen Reich*, Weinheim 1991.
Oppl, Ferdinand, *Friedrich Barbarossa*, 2. Aufl. Darmstadt 1994.
Schaller, Hans Martin: *Stauferzeit. Ausgewählte Aufsätze*, Hannover 1993.
Weigend, Friedrich, Bodo M. Baumunk, Thomas Brune: *Keine Ruhe im Kyffhäuser. Das Nachleben der Staufer. Ein Lesebuch zur deutschen Geschichte*, Stuttgart 1978.
Wies, Ernst W.: *Kaiser Friedrich Barbarossa. Mythos und Wirklichkeit*, Esslingen/München 1990.

Das Recht der ersten Nacht: Gefühllose Sitten?
Boureau, Alain: *Das Recht der ersten Nacht. Zur Geschichte einer Fiktion*, Düsseldorf 1996.
Schmidt-Bleibtreu, Wilhelm: *Jus Primae Noctis im Widerstreit der Meinungen. Eine historische Untersuchung über das Herrenrecht der ersten Nacht*, Bonn 1988.

Des Kaisers Stammbaum: Lückenlos bis Adam?

Graus, Frantisek: *Lebendige Vergangenheit. Überlieferung im Mittelalter und in den Vorstellungen vom Mittelalter*, Köln 1975.

Melville, Gert: »Troja. Die integrativen Wege europäischer Mächte im ausgehenden Mittelalter«, Ferdinand Seibt/Winfried Erhard (Hg.), *Europa 1500. Integrationsprozesse im Widerstreit: Staaten, Religionen, Personenverbände, Christenheit*, Stuttgart 1987, S. 415-432.

Juden im Mittelalter: Schlächter kleiner Kinder?

Battenberg, Friedrich: *Das europäische Zeitalter der Juden. Zur Entwicklung einer Minderheit in der nichtjüdischen Umwelt Europas*, 2 Bände, Darmstadt 1990.

Erb, Rainer: *Die Legende vom Ritualmord. Zur Geschichte der Blutbeschuldigung gegen Juden*, Berlin 1993.

Haverkamp, A./F.-J. Ziwes (Hg.): *Juden in der christlichen Umwelt des späten Mittelalters*, Berlin 1992.

Martin, Bernd/ Ernst Schulin: *Die Juden als Minderheit der Geschichte*, Frankfurt/Main 1981.

Strauss Herbert A./Norbert Kampe (Hg.): *Antisemitismus. Von der Judenfeindschaft bis zum Holocaust*, Frankfurt/Main 1984.

Wilhelm Tell: Keine »hohle Gasse«?

Bergier, Jean-François: *Wilhelm Tell - Realität und Mythos*, München 1990.

Meyer, Werner: *1291 - Die Geschichte*, Zürich 1990.

Inquisition: Wahlloser Terror ohne Gnade?

Lambert, Malcolm: *Ketzerei im Mittelalter. Eine Geschichte von Gewalt und Scheitern*, Freiburg 1991.

Lea, Henry Charles: *Geschichte der Inquisition im Mittelalter*, 3 Bände, Nördlingen 1987.

Segl, Peter (Hg.): *Die Anfänge der Inquisition in Deutschland*, Köln 1993.

Werner, Ernst/Martin Erbstösser: *Ketzer und Heilige*, Wien 1986.

Konradin von Hohenstaufen: Roadmovie des Mittelalters?

Müller, Andreas: *Das Konradin-Bild im Wandel der Zeit*, Bern/ Frankfurt am Main 1972.

Weigend, Friedrich, Bodo M. Baumunk, Thomas Brune: *Keine Ruhe im Kyffhäuser. Das Nachleben der Staufer. Ein Lesebuch zur deutschen Geschichte*, Stuttgart 1978.

Lebenserwartung im Mittelalter: Ein elend kurzes Dasein?

Carlo M. Cipolla (Hg.): *Europäische Wirtschaftsgeschichte. The Fontana Economic History of Europe*, Bd. 1, Stuttgart/New York 1978.

Ohler, Norbert: *Sterben und Tod im Mittelalter*, München/Zürich 1990.

Die Luziferianer: Hirngespinst der Inquisition?

Delumeau, Jean: *Angst im Abendland*, Reinbek 1985.

Gloger, Bruno/Walter Zöllner: *Teufelsglaube und Hexenwahn*, Wien 1984.

Kurze, Dieter: »Zur Ketzergeschichte der Mark Brandenburg und Pommerns, vornehmlich im 14. Jahrhundert: Luziferianer, Putzkeller und Waldenser, *Jahrbuch für die Geschichte Mittel- und Ostdeutschlands* 16/17 (1968), S. 50–94.

Patschovsky, Alexander: »Der Ketzer als Teufelsdiener«, *Papsttum, Kirche und Recht im Mittelalter*, Tübingen 1991, S. 317–334.

Reliquien: Heilige mit vielen Köpfen?

Angenendt, Arnold: *Heilige und Reliquien*, München 1994.

Brown, Peter: *Die Heiligenverehrung. Ihre Entstehung und Funktion in der lateinischen Christenheit*, Leipzig 1991.

Dinzelbacher, Peter (Hg.): *Heiligenverehrung in Geschichte und Gegenwart*, Ostfildern 1990.

Petersohn, J. (Hg.): *Politik und Heiligenverehrung im Hochmittelalter*, 1994.

Hamburg: Titelschwindel im Stadtnamen?

Klessmann, Eckart: *Geschichte der Stadt Hamburg*, Hamburg 1994.

Reincke, Heinrich: »Hamburgs Aufstieg zur Reichsfreiheit«, *Zeitschrift des Vereins für hamburgische Geschichte* 67 (1961), S. 16–34.

Gerhard Theuerkauf, »Urkundenfälschungen der Stadt und des Domkapitels Hamburg in der Stauferzeit«, *Fälschungen im Mittelalter*, Bd. 3, S. 397-431.

Österreich: Größte Fälschung des deutschen Mittelalters?

Hamann, Brigitte (Hg.): *Die Habsburger. Ein biographisches Lexikon*, Wien 1988.

Moraw, Peter: »Das ›Privilegium maius‹ und die Reichsverfassung«, *Fälschungen im Mittelalter*, Bd. 3, S. 201-224.

Niederstätter, Alois: *Die Herrschaft Österreich. Fürst und Land im Spätmittelalter* (= Österreichische Geschichte, 4), Wien 2001.

Johannes Gutenberg: Der Mann des Jahrtausends?

Füssel, Stephan: *Gutenberg und seine Wirkung*, Frankfurt/M, Leipzig 1999.

Widmann, Hans (Hg.): *Der gegenwärtige Stand der Gutenberg-Forschung*, Stuttgart 1972.

Martin Luther: Das sicherste Datum der Kirchengeschichte?

Iserloh, Erwin: *Luther zwischen Reform und Reformation. Der Thesenanschlag fand nicht statt*, Münster 3. Aufl. 1968.

Joestel, Volkmar: *Luthers 95 Thesen. Der Beginn der Reformation* (= Das Tagebuch Europas), Berlin 1995.

Lutz, Heinrich: *Das Ringen um deutsche Einheit und kirchliche Erneuerung. Von Maximilian I. bis zum Westfälischen Frieden 1490-1648* (= Propyläen Geschichte Deutschlands, 4), Berlin 1983.

Volz, Hans: *Martin Luthers Thesenanschlag und dessen Vorgeschichte*, Weimar 1959.

Kaffee: Wo wurde zuerst geschlürft?

Heise, Ulla: *Kaffee und Kaffeehaus. Eine Bohne macht Kulturgeschichte*, Leipzig 1996.

Schivelbusch, Wolfgang: *Das Paradies, der Geschmack und die Vernunft. Eine Geschichte der Genussmittel*, Frankfurt/Main 1990.

Teply, Karl, »Die Einführung des Kaffees in Wien«, *Forschungen & Beiträge zur Wiener Stadtgeschichte*, Bd. 6, Wien 1980.

Friedrich der Große: Hübsche Anekdoten ohne Substanz?

Th. Hoffbauer, *Die Katte-Tragödie in Cüstrin und ihre Stätte*, o. O. 1905.

Hofmann, Winfried: »Flegels haben wir genug im Lande«. Friedrich der Große in Zeugnissen, Berichten und Anekdoten, Berlin 1986.

Krockow, Christian Graf von: *Friedrich der Große. Ein Lebensbild*, Bergisch-Gladbach 2000.

Venohr, Wolfgang: *Fritz der König. Leben und Abenteuer Friedrichs des Großen*, Bergisch Gladbach 2000.

Soldatenhandel: »Menschenschacher für Blutgeld«?

Demandt, Karl: *Geschichte des Landes Hessen*, Kassel 1959.

Ingras, Charles W.: *The Hessian Mercenary State*, Cambridge/Mass. 1987.

Wir Wilhelm von Gottes Gnaden. Die Lebenserinnerungen Kurfürst Wilhelms I. von Hessen 1743–1821, Frankfurt/Main 1996.

Ludwig II. von Bayern: Märchen oder Alptraum?

Herre, Franz: *Ludwig II. Sein Leben - Sein Land - Seine Zeit*, Stuttgart 1986.

Merkt, Nikolaus: *Ludwig II. von Bayern. Protokolle aus dem besonderen Ausschuss der Bayrischen Kammer der Abgeordneten*, München 1987.

Prinz, Friedrich: *Ludwig II. Ein königliches Doppelleben*, Berlin 1993.

Siegfried Marcus: Wer war der Vater des Automobils?

Goldbeck, G.: *Siegfried Marcus. Ein Erfinderleben*, Düsseldorf 1961.

Glaser, Hermann: *Das Automobil. Eine Kulturgeschichte in Bildern*, München 1986.

Hardenberg, Horst: *Siegfried Marcus: Mythos und Wirklichkeit*, Stuttgart 2000.

Lewandowski, Jürgen: *Das Jahrhundert des Automobils 1886–1986*, München 1985.

Seper, Hans: *Damals als die Pferde scheuten. Die Geschichte der österreichischen Kraftfahrt*, Wien 1968.

Graf Zeppelin: »Narr vom Bodensee« oder Genie?

Kemper, Peter (Hg.): *Am Anfang war das Rad. Eine kleine Geschichte der menschlichen Fortbewegung*, Frankfurt/Main, Leipzig 1997, S. 262-275.

Becker, Hans-Jürgen/Rudolf Höfling: *100 Jahre Luftschiffe*, Stuttgart 2000.

Botting, Douglas: *Die Luftschiffe*, 1981.

Chant, Christopher: *Der Zeppelin. 100 Jahre Luftfahrtgeschichte*, Augsburg 2000.

Meyer, Peter: *Luftschiffe. Die Geschichte der deutschen Zeppeline*, Koblenz/Bonn 1980.

Der Hauptmann von Köpenick: Gescheitert oder ausgesorgt?

Eger, Rudolf: *Berühmte Kriminalfälle aus vier Jahrhunderten*, Zürich 1949.

Voigt, Wilhelm: *Wie ich Hauptmann von Köpenick wurde. Mein Lebensbild*, Leipzig/Berlin 1909.

Zuckmayer, Carl: *Der Hauptmann von Köpenick. Ein deutsches Märchen*, 1931.

Dolchstoßlegende: »... in den Rücken der siegreichen Armee«?

Hiller von Gaetringen, Friedrich Frhr. v.: »›Dolchstoß‹-Diskussion und Dolchstoßlegende im Wandel von vier Jahrzehnten«, *Geschichte und Gegenwartsbewusstsein. Historische Betrachtungen und Untersuchungen*, Göttingen 1963, S. 122-160.

Petzold, Joachim: *Die Dolchstoßlegende. Eine Geschichtsfälschung im Dienst des deutschen Imperialismus und Militarismus*, Berlin 1963.

Die Protokolle der Weisen von Zion: Belege für eine Weltverschwörung?

Bronner, Stephen Eric: *Ein Gerücht über die Juden. Die »Protokolle der Weisen von Zion« und der alltägliche Antisemitismus*, Berlin 1999.

Cohn, Norman: *Die Protokolle der Weisen von Zion*, Köln 1969.

Sarkowicz, H.: »Die Protokolle der Weisen von Zion«, in: Corino, Karl (Hg.): *Gefälscht!*, Frankfurt/Main 1990 S. 56-73.

Die Goldenen Zwanziger: »Die wundervollsten Jahre Deutschlands«?

Gay, Peter: *Die Republik der Außenseiter. Geist und Kultur in der Weimarer Zeit: 1918-1933*, Frankfurt/Main 1970.

Laqueur, Walter: *Weimar. Die Kultur der Republik*, Berlin u. a. 1976.

Schräder, Bärbel: *Die »goldenen« zwanziger Jahre. Kunst und Kultur der Weimarer Republik*, Wien 1987.

Reichstagsbrand: Wer hat gezündelt?

Backes, Uwe u. a.: *Reichstagsbrand. Aufklärung einer historischen Legende*, München/Zürich 1986.

Bahar, Alexander/Wilfried Kugel: *Der Reichstagsbrand. Wie Geschichte gemacht wird*, Berlin 2001.

Tobias, Fritz: *Der Reichstagsbrand. Legende und Wirklichkeit*, Rastatt/Baden 1962.

Muttertag: Ein Herz für Blumen?

Klinksiek, Dorothee: *Die Frau im NS-Staat*, Stuttgart 1982.

Thalmann, Rita: *Frausein im Dritten Reich*, Frankfurt/Main, Berlin 1987.

Westenrieder, Norbert: *»Deutsche Frauen und Mädchen!« Vom Alltagsleben 1933–1945*, Düsseldorf 1984.

Weyrather, Irmgard: *Muttertag und Mutterkreuz. Der Kult um die »deutsche Mutter« im Nationalsozialismus*, Frankfurt/Main 1993.

Reichsautobahn: Die »Straßen des Führers«?

Schütz, Erhard/Eckhard Gruber: *Mythos Reichsautobahn. Bau und Inszenierung der »Straßen des Führers« 1933-1941*, Berlin 1996.

Vosselmann, Arend: *Reichsautobahn. Schönheit, Natur, Technik*, Kiel 2001.

Blitzkrieg: Geniale Strategie oder »absolutes Wunder«?

Frieser, Karl-Heinz: *Blitzkrieg-Legende. Der Westfeldzug 1940*, München 1996.

Gilbert, Adrian: *Blitzkriege 1939–1943. Von der Invasion Polens bis El Alamein*, Wien 2001.

Kriegsversorgung: »... dann hungert nicht der Deutsche!«

Gerlach, Christian: *Kalkulierte Morde*, Hamburg 1999.

Giordano, Ralph: *Wenn Hitler den Krieg gewonnen hätte. Die Pläne der Nazis nach dem Endsieg*, Köln 2000.

Overy, Richard J. u. a. (Hg.): *»Die Neuordnung Europas«. NS-Wirtschaftspolitik in den besetzten Gebieten*, Berlin 1997.

Atombombe: Heldenhafte Wissenschaftler?

Auer, Peter: *Von Dahlem nach Hiroshima. Die Geschichte der Atombombe*, Berlin 1995.

Hoffmann, Dieter (Hg.): *Operation Epsilon. Die Farm-Hall-Protokolle oder Die Angst der Alliierten vor der deutschen Atombombe*, Berlin 1993.

Powers, Thomas: *Heisenbergs Krieg. Die Geheimgeschichte der deutschen Atombombe*, Hamburg 1993.

Walker, Mark: *Die Uranmaschine. Mythos und Wirklichkeit der deutschen Atombombe*, Berlin 1990.

Helgoland: Der Big Bang für den Untergang?

Danker, Uwe: *Die Jahrhundertstory*, Kiel 1999.

Herms, Michael: *Flaggenwechsel auf Helgoland*, Berlin 2002.

Müller, Christian/Henry P. Rickmers: *Auf Helgoland ist alles anders. Die wechselvolle Geschichte einer Insel*, Hamburg 2000.

Marshall-Plan: »Größtes Projekt internationaler Zusammenarbeit«?

Hardach, G.: *Der Marshall-Plan, München 1994.*

Schröder, Hans-Jürgen: *Marshallplan und Wiederaufbau in Deutschland*, Stuttgart 1990.

Schröder, Hans-Jürgen (Hg.): *Marshallplan und westdeutscher Aufstieg. Positionen - Kontroversen*, Stuttgart 1990.

Die Stalin-Note von 1952: Gunst der Stunde nicht ergriffen?

Steininger, Rolf: *Deutsche Geschichte seit 1945. Darstellung und Dokumente in vier Bänden*, Frankfurt/Main 1996.

Loth, Wilfried: *Stalins ungeliebtes Kind. Warum Moskau die DDR nicht wollte*, Berlin 1994.

Zarnsky, Jürgen (Hg.): *Die Stalin-Note vom 10. März 1952. Neue Quellen und Analysen*, München 2002.

Volksaufstand: Im Westen Gedenken, im Osten Tabu

Baring, Arnulf: *Der 17. Juni 1953*, Stuttgart 1983.

Hettling, Manfred: »Umstritten, vergessen, erfolgreich. Der 17. Juni als bundesdeutscher Feiertag«, *Deutschland-Archiv* 33 (2000), S. 433–441.

Mitter, Armin/Stefan Wolle: *Untergang auf Raten. Unbekannte Kapitel der DDR-Geschichte*, München 1993.

John F. Kennedy: »Ich bin ein Berliner«?

Beschloss, Michael R.: *Powergame. Kennedy und Chruschtschow. Die Krisenjahre 1960–1963*, Düsseldorf 1991.

Biermann, Harald: *John F. Kennedy und der Kalte Krieg. Die Außenpolitik der USA und die Grenzen der Glaubwürdigkeit*, Paderborn 1997.

Drechsler, Karl: *Gegenspieler. John F. Kennedy/Nikita Chruschtschow*, Frankfurt/Main 1999.

Die Toten von Stammheim: Vom Staat hingerichtet?

Aust, Stefan: *Der Baader-Meinhof-Komplex*, Hamburg 1997.

Backes, Uwe/Eckhard Jesse: *Politischer Extremismus in der Bundesrepublik Deutschland*, Berlin 1993.

Meyer, Thomas: *Am Ende der Gewalt? Der deutsche Terrorismus – Protokoll eines Jahrzehnts*, Frankfurt/Main u. a. 1980.

Peters, Butz: RAF. *Terrorismus in Deutschland*, Stuttgart 1991.

Hitler-Tagebücher: »Größte journalistische Sensation«?

Buchwald, Manfred: »Die Sensation als Droge. Die ›Hitler-Tagebücher‹«, *Die Skandale der Republik*, hg. v. Georg M. Hafner und Edmund Jacoby, Hamburg 1990, S. 227–231.

Koch, Peter-Ferdinand: *Der Fund. Die Skandale des »Stern«, Gerd Heidemann und die Hitler-Tagebücher*, Hamburg 1990.

Picker, Günther: *Der Fall Kujau. Chronik eines Fälschungsskandals*, Berlin 1992.

Berlin-Jubiläum: Mogelpackung 750-Jahr-Feier?

Bethge, Wolfgang: *1237-1987. Berlins Geschichte im Überblick*, Berlin 1987.

Holmsten, Georg: *Die Berlin-Chronik. Daten Personen Dokumente*, Düsseldorf 1990.

Vogel, Werner: *Führer durch die Geschichte Berlins*, Berlin 1985.

Zernack, Klaus: »Randbemerkungen zur Diskussion über die Anfänge Berlins«, Walter Schlesinger (Hg.), *Zur Geschichte und Volkskunde Mitteldeutschlands*, Köln/Graz 1968, S. 353-376.

Der Fall der Mauer: »Wahnsinn« aus Zufall?

Ash, Timothy Garton: *Ein Jahrhundert wird abgewählt. Aus den Zentren Europas 1980-1990*, München/Wien 1990.

Hertle, Hans-Hermann: *Chronik des Mauerfalls*, Berlin 1996.

Hertle, Hans-Hermann: *Der Fall der Mauer. Die unbeabsichtigte Selbstauflösung des SED-Staates*, Opladen 1999.

Deutsche Einheit: »Ich war der Erste«?

Ludlow, Peter: »Die deutsch-deutschen Verhandlungen und die ›Zwei-Plus-Vier-Gespräche‹«, Wolfgang Heisenberg (Hg.), *Die Vereinigung Deutschlands in europäischer Perspektive*, Baden-Baden 1992, S. 17-27.

Thatcher, Margaret: *Downing Street No. 10. Die Erinnerungen*, Düsseldorf u. a. 1993.

Wolffsohn, Michael: »Der außenpolitische Weg zur deutschen Einheit. Das Ausland und die vollendeten Tatsachen«, Eckhard Jesse/Armin Mitter (Hg.), *Die Gestaltung der deutschen Einheit. Geschichte - Politik - Gesellschaft*, Bonn 1992.

Einigungsvertrag: »Bauernland bleibt in Bauernhand«?

Gorbatschow, Michail: *Wie es war. Die deutsche Wiedervereinigung*, Berlin 1999.

Weidenfeld, Werner: *Außenpolitik für die deutsche Einheit. Die Entscheidungsjahre 1989/90* Stuttgart 1998.

Grosser, Dieter: *Das Wagnis der Währungs- und Sozialunion im Konflikt mit ökonomischen Regeln*, Stuttgart 1998.

Schweisfurth, Theodor: *SBZ-Konfiskationen privaten Eigentums 1945 bis 1949*, Baden-Baden 2000.

Bildnachweis

Biblioteca Apostolica Vaticana, Archivo Fotografico, Vatikan: S. 34 und 45

Josef Bieker/Ulrike Romeis, Dortmund: S. 15

Bildarchiv Foto Marburg: S. 40

Bildarchiv ZDF: S. 179

Bundesarchiv Koblenz: S. 129

Deutsches Bibel-Archiv: S. 55

Ferré: S. 91

Klaus G. Beyer, Weimar: S. 77

Landesbildstelle Berlin: S. 153

Vatikanische Bibliothek, Rom: S. 75